Fun할 뻔한 Golf Rule

저자 **정경조** | 감수 **박현순**

J&J Culture

| 작가의 말 |

이 책은 『주말골퍼들이 코스 따라가며 찾아보는 골프규칙 60』(2020.08) 에 이은 두 번째 골프규칙 관련 서적이다. 골프규칙은 어렵다. 복잡하다. 모든 법조문이 다 그렇다. 그래서 변호사, 판사, 검사가 먹고 사는 것이다. 골프규칙도 전문적인 해석에 따른 판정이 필요하기 때문에 정규시합(stipulated competitions)에는 경기위원들이 있다.

1744년 스코틀랜드에서 최초로 13개 조항이 만들어진 이래 영국왕실 골프협회(R&A)와 미국골프협회(USGA)가 독자적으로 다른 규칙을 제정하다 1952년 공동규칙을 만들기 시작했다. 이후 4년마다 수정, 보완해오다 1984년 모든 규칙을 대폭 재편성해 34개조 규칙을 완성했다. 2019년 1월 1일부터 규칙 간소화, 경기속도 단축 등을 골자로 하는 대대적인 개정을 확정해서 34개 조 124개 항과 108개 호에 이르던 규칙을 24개 조 99개 항으로 축소했다.

하지만, 그 규칙 이외에도 위원회 절차(Committee Procedures) 섹션8 로컬룰 모델(Model Local Rules)에는 8A부터 8K까지 76개 항이 있다. 또한, 장애를 가진 플레이어를 위한 수정규칙 4개 조 25개 항도 있다.

복잡하고 이해하기 어렵다고 규칙을 무시하고 플레이할 수 있는 스포츠는 없다. 더구나 코스에서 선수를 따라다니며 규칙위반을 하는지 살피는 심판이 없는 스포츠가 골프이기 때문에 플레이어 스스로가 규칙을 알고, 적용하는 것이 기본이어야 한다.

골프규칙 조항들은 재미가 없는 것이 사실이다. 그래서 이 책은 그 규칙의 적용을 좀 더 재미있는 이야기들로 풀어 써 본 것이다. 규칙도 모르면서 골프 친다는 말을 듣지 않으려면 오늘 당장 일독을 해보라고 권하고 싶은 책이다.

더 많은 골퍼와 독자들이 필자의 글을 접할 수 있도록 지면을 허락해주셨던 골프경제신문 안성찬 대표님과 어려운 규칙 해석을 만날 때마다 도움을 준 권선아, 박현순 교수님께 다시 한 번 고마운 마음을 전한다. 골프는 규칙을 아는 만큼 즐길 수 있다. 모든 골퍼들이 기본 규칙을 알고 골프를 더 많이 즐길 수 있기를 희망한다.

2021년 여름 한국골프대학교 연구실에서

차례

작가의 말 ······ 2

[FRONT NINE]

Hole 1 par5 ## 골프란?

1. 골프코스는 왜 18홀인가? ······ 12
2. 골프스코어의 유래 ······ 17
3. 골프장은 필드일까 코스일까? ······ 23
4. 라운딩이 아니라 라운드 ······ 26
5. 델타변이와 4라운드 ······ 29

Hole 2 par4 ## 골프는 멘탈게임

6. 골프멘탈의 핵심 3C ······ 34
7. 골프와 설득의 수사학 ······ 40
8. 징크스와 루틴 ······ 44
9. 개와 늑대의 시간 ······ 48

Hole 3　par5　매너있는 골퍼

10. 골프매너 3R …… 54
11. 티키타카(tiki-taka)와 골프 동반자 …… 59
12. Green Fee와 Green Pee …… 63
13. ESG경영과 ESG골프 …… 68
14. 같이 골프하기 싫은 사람은? …… 72

Hole 4　par3　그늘집 이야기 1

15. Far & Sure …… 76
16. 세월이 빠를까, 골프 볼이 빠를까? …… 80
17. 올림픽 메달과 골프대회 상금 …… 84

Hole 5　par4　아는 것이 힘

18. 박민지 프로의 5오버파 …… 90
19. 왜 3번 우드로 퍼팅을 했을까? …… 94
20. 겨울골프 즐기는 법 …… 98
21. US여자오픈과 윈터룰(Winter Rules) …… 103

Hole 6　par3　약속시간

22. 티오프(Tee-off) 5분 이상 지각하면 실격 …… 107
23. 늑장플레이(slow play) 세 번이면 실격 …… 110
24. 거리측정기(Rangefinders)와 플레이 속도 …… 114

Hole 7　par4　골프클럽

25. 캐디백 안에 14개 이상의 클럽이 있을 때 …… 119
26. 라운드 도중 손상된 클럽은? …… 122
27. 동반자의 클럽을 빌려 치면 2벌타 …… 126
28. 어떤 클럽을 사용했는지 물어보면 2벌타 …… 130

Hole 8　par4　**그늘집 이야기 2**

29. 고도나 경사도 측정하면 2벌타 …… 135
30. 내기는 도박인가 오락인가? …… 139
31. 타이거 우즈의 부상과 골프장 안전사고 …… 144
32. 사라져버린 재밌는 규칙들 …… 148

Hole 9　par4　**홀 플레이 시작하기**

33. 티샷 순서 정하기 …… 154
34. 티잉구역에서 배꼽 나오면 2벌타 …… 158
35. 티샷 헛스윙 1타와 갈비뼈 골절 …… 161
36. 연습스윙을 하다가 볼을 건드린 경우 …… 164

[BACK NINE]

Hole 10　par4　**볼 플레이**

37. 퍼팅할 때 볼을 바꿀 수 있을까? …… 170
38. 볼을 찾는 과정에서 볼이 움직이면? …… 173
39. 원 볼 룰(one-ball rule) 위반하면 매 홀 2벌타 …… 177
40. 디봇(divot)에 빠진 볼은? …… 180

Hole 11　par5　**있는 그대로 플레이하기**

41. 스윙에 방해되는 나뭇가지를 꺾으면? …… 184
42. 라운드 중 볼은 언제나 닦을 수 있나? …… 187
43. 잘못된 그린에 볼이 올라가면 무벌타 구제 …… 191
44. 한 홀에서 볼에 세 번 이상 손대면 벌타? …… 194
45. 구제구역과 볼의 드롭 …… 197

Hole 12 par3 그늘집 이야기 3

46. 프로골퍼 캐디의 의무와 수입은? …… 202
47. 갤러리(Gallery)가 없는 한국오픈 …… 206
48. 아! 테스형, 골프가 왜 이래 왜 이렇게 힘들어 …… 210

Hole 13 par4 인공물은 장해물

49. 볼이 모래통 옆이나 카트도로에 있으면? …… 215
50. 낙엽은 루스임페디먼트(loose impediment) …… 219
51. 코스의 움직일 수 있는 장해물이란? …… 223
52. 코스의 움직일 수 없는 장해물이란? …… 227

Hole 14 par3 그늘집 이야기 4

53. 새해를 맞는 희망의 꽃 'Snowdrops' …… 231
54. 더블 터치(double touch)는 무벌타 …… 234
55. 프로골퍼 패트릭 리드는 사기꾼(cheater)인가? …… 237

Hole 15 par5 페널티구역

56. 구제(relief)와 벌타는 죄와 벌 …… 243
57. 코스에서 볼 수 있는 색깔의 의미 …… 246
58. 볼이 페널티구역에 들어가면? …… 250
59. 낙엽 따라 가버린 볼 찾는 데 허용된 시간은? …… 253
60. 멀리건(mulligan)은 덤인가? …… 257

Hole 16 par4 위기탈출

61. 나무 위에 볼이 올라갔다면? …… 262
62. 위기탈출 'Bailout & Lay up' …… 265
63. 홀을 외면하는 볼 …… 270
64. 파3 10오버파(decuple) …… 273

Hole 17　par4　벙커에서 플레이하기

65. 해변의 모래사장과 골프장의 벙커 …… 227
66. '테백연어'라면 벙커모래는 Don't touch! …… 281
67. 벙커에서 구제 받는 4가지 방법 …… 284
68. 벙커에 박힌 볼 …… 288

Hole 18　par4　퍼팅그린

69. 퍼팅그린에서 볼 마크하는 방법 …… 293
70. 골퍼의 버킷 리스트 - 퍼팅의 신 …… 297
71. 퍼팅그린과 관련된 벌타 …… 300
72. 퍼팅그린에서 할 수 있는 것과 할 수 없는 것 …… 304

FRONT NINE

Hole 1
par5

골프란?

1. 골프코스는 왜 18홀인가?
2. 골프스코어의 유래
3. 골프장은 필드일까 코스일까?
4. 라운딩이 아니라 라운드
5. 델타변이와 4라운드

1. 골프코스는 왜 18홀인가?

골프의 기원에 대한 논란은 있지만 18홀 골프코스의 기원은 스코틀랜드 세인트 앤드루스(St. Andrews)라는 것이 정설이다. 대부분의 골퍼들이 골프 1라운드 18홀을 당연한 것으로 생각하지만 18세기까지만 해도 스코틀랜드 골프장 홀의 개수는 5~12개 등 다양했다. 예를 들어 세인트 앤드루스 올드코스는 1764년까지 12개의 홀을 나갔다가(out) 들어오는(in) 방식으로 왕복 플레이하여 그 중 10개는 두 번 플레이되어 22홀이 한 라운드였는데, 코스는 해안을 따라 나갔다가 다시 클럽 하우스로 돌아오는 것이었다. 거의 100년 뒤인 1860년 세계에서 가장 오래된 골프대회인 '디 오픈(The British Open)' 제1회 대회가 개최된 스코틀랜드 남부 도시 글라스고의 남쪽 해변가 프레스트윅(Prestwick) 골프코스도 1851년 12홀로 만들어졌고, 또한 같은 해 지어진 라나르크(Lanark)도 6홀이었다.

1764년 세인트 앤드루스 12개의 홀 중 처음 4개의 홀이 너무 짧아서

4개의 짧은 홀을 2개로 합쳐서 10개의 홀로 만들고 왕복 18홀의 라운드를 만들기로 결정했지만 여전히 10홀 중 2번~9번 홀은 두 번씩 플레이되었다.

1832년 세인트 앤드루스에 '더블그린'이 처음 제안되는데, 더블그린이란 아웃-인 왕복 플레이할 때 각기 다른 퍼팅홀을 플레이하도록 큰 그린 위에 퍼팅홀을 두 개 만드는 것이다. 이와 비슷하지만 전혀 다른 말로 쓰이는 얼터닛그린(alternate green)은 같은 홀에 독립된 두 개의 퍼팅그린이 있는 경우를 말한다. 1836년 13번째 홀과 공유되는 5번째 홀에 더블그린이 만들어졌고, 1842년 규칙에서 Royal & Ancient는 코스가 아직 18홀이 아니었지만 18홀 라운드를 배치했다. "규칙 1. 별도의 규정이 없는 한 1라운드 또는 18홀을 한 경기로 간주한다." 20년 후인 1855년 올드 코스 7번 홀에 더블그린이 만들어 졌다. 그린을 크게 해서 만든 더블그린은 아웃-인에 번갈아 사용하기 위해 홀을 두 개 뚫었을 수도 있지만, 당시에는 퍼팅그린이 다음 홀 티잉구역으로도 쓰였기 때문에 그린의 마모나 훼손을 분산시키려는 목적이 있었을지도 모른다.

1856~57년에 최초의 프로골퍼인 알렌 로버트슨(Allan Robertson, 1815-1859)이 R&A에 의해 '더블그린' 대가로 20파운드를 받고 상당한 양의 작업이 수행되었다. 퍼팅그린은 철저한 점검을 거쳐 잔디를 재조정하고 개선되었고, 각 그린에는 첫 번째와 마지막 반환점을 제외하고 두 개의 퍼팅홀이 만들어졌다. 하나는 클럽하우스에서 외

부로 나가는(outwards) 팀, 다른 하나는 클럽하우스 쪽으로 들어오는 (inwards) 팀에 의해 플레이되었다. 실수를 방지하기 위해 나가는 퍼팅홀은 흰색 깃대로, 들어오는 퍼팅홀은 빨간색 깃대로 표시되었다. 이것은 예전 시스템에 비하면 중요한 개선책이었고, 특히 시합이 있는 날에, 나가는 팀과 들어오는 팀이 같은 그린에서 우연히 마주쳤을 때 하나 뿐인 퍼팅홀 때문에 생기는 혼란과 지연을 방지할 수 있었다. 수년 동안 올드 코스의 플레이 방향은 코스의 마모를 관리하기 위해 매주 시계 방향 또는 시계 반대 방향으로 번갈아 가며 진행되었는데, 이러한 상황에서 색깔깃발은 골퍼들에게 매우 유용했을 것이다.

세계 첫 오픈 챔피언십인 '디 오픈 챔피언십(The Open Champion ship)'은 최초의 프로골퍼로서 세인트 앤드루스 올드 코스를 개선한 알렌 로버트슨의 사망 후 공석이었던 후임자를 결정하기 위해 열린 것이었다. 그 대회를 준비해서 개최한 것은 디 오픈 챔피언십 1회부터 8회까지 대회 중 4번이나 우승하고 세인트 앤드루스 코스의 그린키퍼이자 프로로 39년간 근무했던 올드 톰 모리스(Old Tom Morris, 1821-1908)이었는데, 그는 알렌 로버트슨의 제자였다.

1860년 10월 17일 스코틀랜드 프레스트윅 골프장에는 1만여 명의 갤러리가 모여들었고, 영국 골프의 최강자를 가리는 제1회 디 오픈에는 8명이 출전했다. 우승 후보는 스승 알렌에게서 쫓겨나 프레스트윅에 자리잡은 39세의 올드 톰 모리스와 머셀버러에 기반을 둔 27세의 윌리 파크 시니어였는데, 단 하루 12홀 3라운드 36홀의 스트로크 방식으로 치러진 대회에서 합계 스코어 174타로 윌리 파크가 모리스를 2타 차로 이기고 우승했다. 세인트 앤드루스로 다시 돌아간 올드 톰 모리스는 1875년경 벙커, 그린, 페어웨이에 대한 개선과 함께 별도의 티잉구역을 만들어 현재의 레이아웃을 만들었는데, 오늘날 우리가 보는 잘 다듬어 진 골프코스는 그의 공로라고 할 수 있다.

이 시기에 'Royal and Ancient Golf Club'의 저명한 회원들의 영향으로 다른 코스들이 세인트 앤드루스 18홀의 표준을 채택하기 시작했다. 1872년부터 브리티시 오픈 골프 챔피언십은 3개의 스폰서 클럽이 기반을 둔 프레스트윅(Prestwick), 세인트 앤드루스(St. Andrews) 및 머셀버러(Musselburgh)에서 매년 번갈아 개최되었는데, 대회는 36홀이었기 때문에 프레스트윅 3라운드, 세인트 앤드루스 2라운드, 머셀버러에서는 4라운드였다. 대회를 하면서 3개의 코스가 서로 비교되었고 세인트 앤드루스의 18홀이 가장 적절하다고 여겨졌을 것이다. 그래서 1882년에 프레스트윅은 18홀로 코스를 확장했고, 1891년 아너러블 컴퍼니(Honorable Company)가 18홀 뮤어필드(Muirfield) 골프코스를 짓고 디 오픈을 후원하면서 챔피언십은 머셀버러에서 뮤어필드로 옮겨졌고, 18홀을 사용하는 세계 최고의 3개 클럽이 골프 라운드의 표준이 되었다.

2019 개정규칙 5.1에서는 라운드의 의미를 규정하고 있는데, '라운드'란 위원회가 정한 순서대로 18개의 홀을 플레이하는 것을 말한다. 라운드가 비기거나 가장 적은 총 타수를 기록한 플레이어가 두 명 이

상 있는 상태로 끝난 후 승자가 결정될 때까지 플레이를 계속하는 경우, 매치플레이는 한 번에 한 홀씩 연장된다. 이는 새로운 라운드가 아니라 정규 라운드의 연속이지만, 스트로크플레이의 플레이오프는 새로운 라운드다. 규칙 5.7a에 따라 플레이가 중단된 동안을 제외하고, 라운드가 시작될 때부터 끝날 때까지 플레이어는 자신의 라운드를 계속 플레이해야 한다. 오늘날 18홀 라운드에 걸리는 시간은 보통 4시간 정도지만 18홀 라운드를 시작한 디 오픈은 2차 세계대전 당시 취소된 이후 2020년 코로나로 또 다시 취소되어 2021년 149회째가 되었다. 그래서 18이라는 숫자에 담긴 역사의 무게는 결코 가볍지 않다.

2. 골프 스코어의 유래

모든 스포츠 종목은 기록경기이기 때문에 스코어는 숫자로 나타내는 것이 일반적이다. 하지만 그렇지 않은 종목들이 있어서 그 종목에 익숙하지 않은 사람들에게는 외계어처럼 들릴 수 있다. 예를 들어 테니스의 점수를 부르는 방법은 0점을 러브, 1점을 피프틴(fifteen), 2점을 서티(thirty), 3점을 포티(forty)라고 한다. 0점을 뜻하는 러브는 달걀을 뜻하는 프랑스어 'l'oeuf'에서 유래된 것으로 추측되지만, 3번째 포인트를 15의 배수인 45가 아닌 40으로 부르게 된 유래는 밝혀져 있지 않다.

그런데, 테니스보다 스코어 별칭이 더 특이한 경기가 골프다. 보기, 파, 버디, 이글, 알바트로스, 콘도르, 오스트리치, 피닉스 등 1언더파인 버디(birdie)보다 더 좋은 스코어에는 모두 조류와 관련된 이름이 붙어있다. 독수리(eagle), 신천옹(albatross), 콘도르(condor)를 거쳐 날개의 퇴화로 날지 못하는 대신 포식자를 보거나 위협을 느끼면 시속 70km까지 달릴 수 있는 오스트리치(ostrich, 타조), 그리고 수백 년 동안 살다가 스스로를 불태운 뒤 그 재 속에서 되살아난다는 전설적인 새인 피닉스(phoenix 불사조)까지 등장한다. 물론 오버파를 의미하는 매(buzzard), 들꿩(grouse), 칠면조(turkey) 등도 있지만 거의 사용되지 않고 있다.

이 별난 골프스코어 명칭에 얽힌 이야기들을 하나씩 살펴보는 것도 골프 역사의 한 페이지를 엿보는 것이다. 공식 골프규정집에서 사용하는 스코어는 파와 보기뿐이다. 나머지는 언더파 또는 오버파로 표시한다.

	PAR 3	PAR 4	PAR 5	COMMON NAME
four under par			2	triple eagle (condor)
three under par		2	2	double eagle (albatross)
two under par	2	2	2	eagle
one under par	2	1	1	birdie
par	3	1	1	par
one over par	4	1	1	bogey
two over par	5	1	1	double bogey (buzzard)
three over par	6	1	1	triple bogey (grouse)
four over par	7	1	1	quadruple bogey
five over par	8	1	1	quintuple bogey
six over par	9	1	1	sextuple bogey
seven over par	10	1	1	sepyuple bogey
eight over par	11	1	1	octuple bogey

1) 보기(Bogey)

1890년에 영국 코번트리 골프 클럽의 휴 로더햄(Hugh Rotherham)은 실력이 좋은 골퍼가 각 홀에서 쳐야 하는 스트로크의 수를 표준화하는 아이디어를 구상했는데, 이것을 '그라운드 스코어'(ground score)라고 했다. 영국 동부의 노퍽에 1882년 만들어진 그레이트 야머스 골프클럽의 토마스 브라운(Thomas Browne)이 클럽 골퍼들의 동의를 얻어 그 아이디어를 채택했고, 매치 플레이에 사용하기 위해 이 그라운드 스코어 방식을 도입했다. 한 대회에서 찰스 웰만(Charles Wellman)이 브라운 박사에게 그 당시 인기가 있었던 노래인 '쉿! 보기맨이 온다(Hush! Hush! Hush! Here Comes the Bogey Man)'에 나오는 유령 보기맨이 '할 수 있으면 나를 잡아봐(Catch me if you can)'라고 하는 것처럼 그라운드 스코어를 치는 것이 어려운 것이라고 말했다. 그 이후 한 홀의 기준타수인 그라운드 스코어를 보기라고 하기 시작했고, 지금도 야머스 골프클럽은 보기의 고향(the Home of Bogey)이라고 불린다.

골프클럽과 볼에 적용되는 기술이 발전하면서 그라운드 스코어보다 더 좋은 스코어를 내는 프로골퍼들이 늘어나자 1911년 미국골프협회가 '정상적인 날씨에 각 홀마다 두 번의 퍼팅으로 실수 없이 플레이한 스코어'를 파(par)라고 규정하면서 그라운드 스코어를 의미하던 보기(bogey)는 파에게 밀려나서 기준타수보다 한 타 더 많은 '1오버파(1 over par)'가 되었다.

2) 파(Par)

파(par)는 주식이나 채권의 표면에 표시되어 있는 가격을 의미하는 증권거래소의 '액면가'에서 유래되었다. 1870년 골프잡지기자 돌맨(AH Doleman)이 두 명의 프로에게 '디 오픈(The Open)'이 열리는 프레스트윅(Prestwick) 골프코스에서 우승할 수 있는 스코어를 물었을 때 '완벽한 플레이로 12홀에서 49타'라는 말을 듣고, 영 톰 모리스(Young Tom Morris)의 36홀 우승을 '2오버파'라고 기사를 썼다.

오래된 많은 영국 골프코스는 보기 스코어를 조정하지 않았기 때문에 기술과 장비가 발달함에 따라 모든 프로골퍼가 보기(bogey)보다 낮은 타수를 기록했다. 1911년 미국골프협회가 파(par)를 기준으로 하는 홀의 거리에 대한 국가 표준을 정했지만, 영국의 보기 시스템은 각 골프클럽에서 결정했기 때문에 더 이상 프로에게는 적합하지 않았다. 그래서 미국골퍼들은 1오버파를 보기(bogey)라고 부르기 시작했다.

1914년까지 영국의 골프 잡지는 미국과 유사한 시스템을 요구했지만 1914~18년 세계대전이 있어서 1925년이 되어서야 영국과 아일랜드의 골프코스에 '표준 스코어'를 정하기 위해 공동 자문위원회가 구성되었다.

3) 버디(Birdie)

기준타수인 파(par)보다 한 타 적은 '버디(Birdie)'는 20세기 초 미국에서 '훌륭한 것(something excellent)'을 의미하던 속어인 'bird'에서 유래했다. 1962년 미국 그린키퍼 잡지에 따르면 1903년 뉴저지 주 애틀랜틱시티 컨트리클럽 2번 홀(파4)에서 3명이 라운드하던 도중에 스미스(AB Smith)의 두 번째 샷이 핀에 가깝게 붙자 그는 "정말 멋진 샷이었다(That was a bird of shot)"라고 말하며 그 홀을 1언더파로 이기면 돈을 두 배 달라고 요구했고, 1언더파로 홀아웃했다. 그 후 3명은 그러한 점수를 '버디'라고 불렀고, 지금도 그 골프장엔 버디 기원을 알리는 표지판이 있다.

1언더파를 의미하는 '버디'는 1910년대에 널리 퍼지기 시작했는데, 보기(bogey)라는 용어가 영국인의 작품이라면 버디(birdie)는 미국인이 만들어낸 용어다.

4) 이글(Eagle) & 알바트로스(Albatross)

주어진 홀에서 2언더파를 기록한 '이글(Eagle)'은 버디의 연장선에 있는 새를 테마로 한 것이다. 미국 골퍼들이 버디보다 좋은 스코어에 그들의 국가적 상징인 독수리를 생각하는 것은 당연한 것 같다. 버디용어를 탄생시킨 스미스는 그의 그룹이 2언더파를 '이글'이라고 언급했다고 말했다.

버디와 이글이 미국골퍼에 기원을 두고 있다면 3언더파를 의미하는 '알바트로스(Albatross)'는 영국골퍼에 그 기원이 있다고 한다. 더블이글(double eagle)이라고도 하는 3언더파는 매우 드문 점수고 알바트로스는 매우 희귀한 새다. 주어진 홀에서 알바트로스를 하려면 파5홀에서 두 번째 샷으로, 파4에서는 첫 번째 샷으로 홀아웃해야 한다. 파

5홀에서 두 번째 샷은 200야드 이상 떨어진 곳에서의 샷이기 때문에 정확성도 필요하지만 행운이 따라주어야 가능한 것이다.

알바트로스의 기원에 대해 'Golf Monthly' 1962년 3월호 기사에서는 존 리들랜드(John Ridland)가 1934년 9월에 바비존스 스틸 샤프트 클럽으로 서인도 챔피언십 나시크 코스 9번 홀(파5)에서 3언더파를 기록했는데, 바다를 가로 질러 몇 마일 동안 배를 따라다니는 새의 능력에 매료되어 그 스코어의 이름을 '알바트로스'로 제안했다고 한다. PGA 투어의 전설인 진 사라센(Gene Sarazen, 1902~1999)은 알바트로스를 기록한 최초의 프로 골퍼로, 1935년 마스터스 대회 15번 홀(파5)에서 알바트로스로 동점을 만들고 이후 연장전에서 이겨 우승을 했다.

골프에서 기준타수인 그라운드 스코어가 보기에서 파로 바뀌고, 버디, 이글, 알바트로스와 같은 언더파가 가능해진 것은 단단한 나무인 히코리(Hickory) 클럽이 스틸 샤프트(steel shaft) 클럽으로 진화했기 때문이다. 1924년 미국골프협회(USGA), 1929년 영국왕립골프협회(R&A)는 스틸 샤프트 클럽을 합법화했고, 볼의 비거리가 길어짐에 따라 골프코스도 연장되었다.

골프 용어는 인터넷에서 매일 새로운 단어가 발명되고 사용되는 것과 같은 방식으로 누군가 처음 시작하고, 점점 더 많은 사람들이 널리 사용하면서 골프 어휘에 편입되었기 때문에 용어에는 시대적, 사회적, 문화적 의미가 포함되어 있다.

3. 골프장은 필드일까, 코스일까?

코로나 바이러스 때문에 1년 연기됐던 2020도쿄올림픽이 2021년에 열렸다. 기대했던 여자골프와 야구에서 메달을 따지 못해 아쉽지만 세계 최고의 선수들만이 출전할 수 있는 올림픽에 나가서 대한민국을 대표하며 끝까지 최선을 다한 모든 선수들에게 아낌없는 박수를 보낸다.

스포츠 경기가 열리는 장소를 부르는 이름은 다양하다. 하계 올림픽에서 가장 많은 49개의 금메달이 걸린 수영 경기장은 스위밍풀(swimming pool)이고, '올림픽의 꽃'이라 불리는 48개 메달 중 도로경기인 마라톤과 경보를 제외한 트랙과 필드(track-and-field) 육상경기를 하는 경기장은 스타디움(stadium)이다. 2020도쿄올림픽에 우리나라는 트랙종목은 단 한명도 나가지 못했고, 마라톤 4명, 경보 1명, 장대높이뛰기와 높이뛰기 1명씩, 총 7명만이 출전했는데 우상혁 선수의 '2.35m' 남자높이뛰기 4위는 트랙과 필드 사상 올림픽 최고의 성적이었다.

배구와 농구 경기장은 코트(court), 야구 경기장은 '볼파크'(ball park), 축구 경기장은 필드(soccer field)라고 하고 골프경기가 열리는 곳은 골프코스(golf course)라고 한다. 하지만 우리나라의 많은 골퍼들은 골프장을 '필드'라고 하며 골프하러 가는 것을 '필드 나간다'고 하는데, 이것은 필드가 아니라 '코스에 나간다'라고 하는 것이 옳은 표현이다.

공식 골프규정집에는 골프규칙과 함께 골프와 관련된 용어 74개에 대한 정의를 함께 싣고 있는데, 규칙 2장 '코스(The Course)'에서는 코스의 구역으로 규정된 다섯 가지 구역과 플레이에 방해가 되는 여러 가지 물체와 상태에 대해 규정하고 있으며, 용어의 정의에서는 '위원회가 정한 경계 안의 플레이 구역 전체(The entire area of play)'를 코스(Course), 코스의 경계 밖의 구역은 아웃오브바운즈(out of bounds)라고 정의하고 있다. 코스는 티잉구역, 페널티구역, 벙커, 퍼팅그린, 그리고 그 구역들 이외의 모든 구역인 일반구역 등 5가지 구역으로 구성된다.

코스에 있는 인공물 중에서 움직일 수 있는 장해물(15.2)과 움직일 수 없는 장해물(16.1)은 무벌타 구제를 받을 수 있지만, 위원회가 코스의 일부로 규정한 인공물인 '코스와 분리할 수 없는 물체'(Integral Object)와 벽·울타리·말뚝·철책 같은 코스의 경계물(Boundary Object)은 플레이에 방해가 되더라도 페널티 없는 구제를 받을 수 없다.(2.3) 또한, 티잉구역에서 플레이하는 경우 티마커는 그 티잉구역에서 플레이할 모든 플레이어에게 동일한 위치에 있어야 하므로 티잉구역에서 플레이하기 전에 그 티잉구역의 티마커를 하나라도 움직임으로써 스트로크에 영향을 미치는 상태를 개선한 경우 일반 페널티를 받는다.(6.2b/4)

이렇게 공식규칙에서 골퍼들이 플레이하는 모든 장소를 코스라고 규정하고 있는데 왜 우리나라 골퍼들은 골프장을 코스라고 하지 않고 필드라고 할까? 물론 필드라는 말도 규정집에 있다. 한글판 '골프규칙에 관한 공식 가이드'(대한골프협회)에는 나오지 않지만, R&A나 USGA 골프규정집에서 찾아보면 '위원회 절차'(Committee Procedures) 편에서 'field'라는 단어가 8회 검색된다. 모두 5. '경기 전'(Before the Competition)과 6. '경기를 하는 동안'(During the Competition) 부분에 나오는데 여기에서 사용되는 필드는 '경기 참가자'를 의미한다. 플레이하는 코스와는 전혀 관계가 없다.

다행히도 아직 우리나라 골퍼들이 골프장을 '골프필드'라고는 하지 않는다. 고대 영어에서 필드가 나무가 있는 삼림지대(woodland)와 반대되는 '평야, 목초지, 탁 트인 땅, 경작지' 등을 의미했기 때문에 잔디가 잘 가꾸어져 있는 골프장이 필드처럼 보일 수는 있지만, 글로벌 시대에 골프장에서 소나 양을 키우거나, 필드 종목인 높이뛰기나 창던지기를 할 게 아니라면 이제 골프는 필드에서 하지 말고 코스에서 하자. "나 오늘 그녀와 코스 나간다!" 멋지지 않은가?

4. 라운딩이 아니라 라운드

2021년 6월 30일 jtbc에서 야심차게 준비한 골프 예능 프로그램인 '세리머니클럽'이 첫 방송을 했다. 몇몇 개그맨들이 유투브 채널에서 골프를 소재로 한 방송아이템들이 성공을 거두며 공중파에서도 최근 경쟁적으로 골프예능 프로그램이 생겨났다. 골프의 대중화에 기여할 것이라는 기대에 일부러 시간을 내서 챙겨보는 편이다.

'세리머니클럽'은 다른 프로그램과 달리 오늘날 세계무대를 주름잡는 대한민국 골프를 있게 한 '박세리' 프로를 중심으로 편성된 것이다. 1977년생 박세리 선수는 1997년 미국으로 건너가 2016년 공식은퇴를 하기까지 KLPGA 14승, LPGA 25승으로 2007년 골프명예의 전당에 가입한 대한민국 골프영웅이다. 2007년 5월 맥도널드 LPGA챔피언십 1라운드를 마친 후 박세리는 LPGA투어 명예의 전당에 가입했는데, 32번째이며 최연소 멤버였고 한국은 물론 아시아인으로서도 첫 번째였다. 이미 명예의 전당 가입점수는 2004년에 땄지만 현역 선수의 경우 10시즌을 치러야 한다는 규정 때문에 유보됐다가 2007년에 입성한 것이다. LPGA는 한 해에 열 번째로 출전한 대회 1라운드를 마치면 한 시즌을 치른 것으로 인정해준다.

그런데, 대한민국골프의 선구자인 박세리 프로의 팬의 한 사람으로서, 그리고 한국골프대학교에서 학생들을 가르치는 교수로서 '세리머니클럽' 첫 방송을 보며 실망이 너무 컸다. 전체적인 방송의 짜임새나 출연진 때문이 아니라 방송 내내 화면 좌측 상단에 새겨놓은 것처럼 등장하는 그리고 자막으로 뜨는 '**라운딩**'이라는 잘못된 골프용어 때문이었다.

골프규칙 용어의 정의에 따르면 '**라운드(Round)**란 위원회가 정한 순서대로 18개의 홀 또는 그 이하의 홀을 플레이하는 것을 말한다.'(18 or fewer holes played in the order set by the Committee) 라운드라는 단어가 영국왕실골프협회(R&A) 골프규칙에서는 208번, 한글판에서는 221번 검색되지만 '라운딩'(rounding)이란 용어는 단 한 번도 나오지 않는다. 그런데 아마추어 골퍼나 골프 꿈나무 그리고 시청자들에게 막대한 영향을 행사할 수 있는 박세리 프로가 주인공인 방송에서 그 잘못된 용어를 무한 반복해서 내보내고 있으니 실망을 넘어 화가 치밀어 올랐다. 프로그램 시청자 감상평 남기는 댓글 창에 용어 오류에 대한 시정을 요구하는 글을 남겼다. 어떻게 바뀔지 지켜볼 것이다.

골프뿐만이 아니라 복싱, 양궁, 사격, 육상 등 다른 종목에서도 경기 용어로 사용되는 '라운드'라는 말을 '라운딩'이라고 하는 사람들은 한국의 골퍼들뿐이다. 세상 모든 골퍼들에게 라운드는 '18홀 코스를 한번 도는 것'을 의미한다. 그 누구도 라운딩(rounding)이라고 하지 않는다.

라운딩(rounding)을 'round+ing'의 형태인 '동사+~ing' 진행형으로 생각한다면 라운드의 동사로서의 의미는 '1. 모퉁이를 돌다 / 2. 둥글게 만들다 / 3. 반올림하다' 중의 하나로서 골프와는 전혀 관계가 없다. 멋진 골프웨어를 입고 4~5시간 동안 모퉁이를 돌고 있거나 골프클럽을 들고 반올림을 하는 사람은 없지 않은가? 'bus'를 버스, 'taxi'를 택시라고 하듯이 외래어의 한글표기법에 맞춰 'round'는 '라운드'라고 해야지 '라운딩'이라고 하면 안 된다.

'라운딩'이라고 자연스럽게 쓰는 골퍼가 골프 입문자에게 '라운딩'이라고 하니까 그 사람도 또 라운딩이라고 쓰게 되고 또 다음 사람이 또 그렇게 쓰게 되면서 코로나 바이러스가 n차 감염을 통해 퍼져나가듯이 누군가가 처음 사용한 무책임한 '라운딩'이라는 말이 대다수의 많은 골퍼들을 오염시킨 것이다. 이 흐름을 바로 잡으려면 골프전문가뿐만 아니라 주말골퍼 개개인들의 노력이 필요하다. 특히나 뉴스를 생산하는 기자들은 더욱 용어 사용에 신중해야 한다. 이제 '오늘 라운딩 어땠어?', '즐거운 라운딩 하세요'와 같은 국적불명의 용어는 사용하지 말자. 이제 라운드를 라운딩이라고 하는 것은 죄(sin)를 짓는 것이라고 생각하자. 그래도 라운딩이라고 하면 딩(ding) 신(sin)!

5. 델타변이와 4라운드

2019년 12월 중국 우한에서 처음 발생한 이후 전 세계로 확산된 코로나 바이러스가 새로운 유형으로 변이되면서 또 다시 전 세계를 공포로 몰아넣고 있다. 2021년 코로나19 백신 접종으로 만들어가던 집단 면역을 비웃기라도 하듯이 '델타변이'의 돌파감염이 급속히 늘어나고 있다. 다른 변이 바이러스보다 전파 속도가 빠른 데다 더 심각한 증상을 유발하는 것으로 알려져 있다.

세계보건기구(WHO)는 코로나19 변이 바이러스 주요 발생 지역 이름을 따서 영국 변이, 남아공 변이, 브라질 변이, 인도 변이 등으로 불렀지만 특정 지역과 국가를 차별하는 것을 막기 위해 2021년 5월 31일 영국발 변이는 알파(α)로, 남아프리카공화국발 변이는 베타(β)로, 브라질발 변이는 감마(γ)로, 인도발 변이는 델타(δ)로 명명했다.

델타는 그리스 문자의 네 번째 글자로서 코로나 4차 유행, 거리두기

4단계 시행 등 숫자 4와 묘한 관계가 있다. 거리두기 4단계에서 골프는 오후 6시 이전까지는 캐디를 제외한 4인이 라운드를 할 수 있지만, 6시 이후에는 2명까지만 경기를 할 수 있다. 결국 6시 이전에 라운드를 끝내려면 최소한 오후 1시 이전에 티오프를 해야만 한다. 그렇지 않으면 감염병예방법 제49조 1항 제2호의 2에 따라 개인은 10만 원, 골프장은 300만 원의 과태료를 내야한다. 스크린골프 등 실내 시설은 영업시간이 10시로 제한된다.

PGA 및 LPGA를 비롯한 대부분의 프로골프 경기는 목요일부터 일요일까지의 4라운드다. 그럼 골프 경기는 처음부터 4라운드 72홀 경기였을까? 가장 오랜 역사를 가진 1860년 제1회 디 오픈은 스코틀랜드 프레스트윅 골프장에서 1만여 명의 갤러리와 함께 8명의 선수가 단 하루 12홀 3라운드 36홀의 스트로크 방식으로 치러졌고, 윌리 파크가 합계 174타, 18홀 평균 87타로 우승했다. 2019년 제148회 우승자 셰인 로리(아일랜드)는 4라운드 합계 269타, 18홀 평균 67.25타로 우승했다. 코로나 때문에 2020년을 건너뛴 제149회 2021 디 오픈에서는 콜린 모리카와(미국)가 최종합계 15언더파 265타로 우승했는데 18홀 평균 66타다.

디 오픈은 1일 12홀 3라운드 36홀에서 1892년 2일 18홀 4라운드 72홀, 그리고 1926년 R&A에 의해 1일과 2일은 각 각 18홀, 3일째는 36홀 본선경기로 치러졌고, 1898년부터 36홀 후에 예선 탈락자(miss the cut)를 가려냈는데 출전 선수 증가로 본선 진출자(make the cut)가

늘어나면서 4일씩 대회를 치루기도 했다. 대서양 너머 미국에서도 디오픈 경기방식에 영향을 받아서 1934년 제1회 마스터스 토너먼트는 4라운드 72홀이 목, 금 그리고 토요일 36홀로 3일 일정이 예정되어 있었다. 그런데, 이 일정을 4일로 변경한 것은 오거스타 내셔널 골프장을 만들고 마스터스 토너먼트를 창설한 바비 존스(Bobby Jones)였다. 그는 대회가 열리기 며칠 전에 클럽 회장이자 공동 창립자인 클리포드 로버츠(Clifford Roberts)에게 보낸 편지에서 "4일 플레이를 하는 것은 어프로치 앤 퍼트 대회, 아이언 대회, 드라이빙 콘테스트 같은 특별한 이벤트를 중간에 끼워 넣을 수 있는 시간을 주기 위한 것"이라고 썼다.

로버츠는 토요일 36홀을 플레이할 때 선수들이 최상의 실력을 보여줄 수 없는 가능성을 제거했다는 점에서 이 아이디어를 좋아했고, 또한 3일이 아닌 4일 분량의 티켓을 판매할 수 있다는 사실과 연습라운드를 포함한 긴 시간이 현지 호텔이나 상인들에게 도움이 될 거라고 생각해서 좋아했다. 특히 로버츠에 의해서 1960년 처음 시작해서 마스터스의 인기 콘텐츠가 된 파3 콘테스트는 어느 대회도 흉내 낼 수 없는 독특한 이벤트로 항상 열광적인 군중을 끌어들였고, 파3 대회의 우승자가 마스터스에서 우승한 적이 없음에도 불구하고 선수와 그들의 자녀들에게도 인기가 있었다.

결국 3일 4라운드에서 4일 4라운드가 된 것은 출전 선수 및 갤러리의 증가와 상업적인 이유가 맞물려서 이루어진 것이라고 할 수 있다. 그런데 델타변이로 인한 수도권 4단계 거리두기가 시행되면 오후 6시까지 라운드를 끝내지 못하는 골퍼들은 어떻게 해야 할까? 첫 번째는 12시가 되면 마법이 풀리는 신데렐라의 호박마차처럼 4인 스코어 카드가 10만 원짜리 과태료 통지서로 변하기 전에 5시 59분에 무조건 라운드를 끝내는 것이다. 두 번째 방법은 골프장 측이 카트를 한 대 더 투입해서 4명을 2명씩 나누어 한 홀에서 2팀이 플레이하게 하는 것이다. 마지막으로는 4명 중 스코어가 나쁜 2명이 골프백을 카트에서 내려 짊어지고 클럽하우스까지 뛰어가게 하는 것이다. 이 대표님과 기민씨, 뛸 준비되셨죠?

Hole 2
par4

골프는 멘탈게임

6. 골프멘탈의 핵심 3C

7. 골프와 설득의 수사학

8. 위기탈출 'Bailout & Lay up'

9. 개와 늑대의 시간

6. 골프멘탈의 핵심 3C

21세기 4차 산업혁명시대의 추천형 비즈니스 모델을 '리퍼럴(referral)'이라고 하는데, 마케팅에서의 '리퍼럴'이란 특정 상품이나 서비스를 필요로 하는 사람에게 그것을 제공할 수 있는 사업자를 추천 또는 소개하는 것을 말하고, 그 일을 하는 사람을 리퍼럴러(Referraler)라고 한다. 이런 긍정적인 영향의 간섭과는 다르게 부정적인 의미로 쓰이는 우리말이 '오지랖'이고, 사람을 뜻하는 영어 접사 '-er'을 붙여 '오지라퍼'라 한다. 간섭할 필요도 없는 일에 주제넘게 간섭하는 사람을 일컬을 때 '오지랖이 넓은 사람'이라고 한다. 지금은 이렇게 부정적인 의미로 많이 쓰이지만 원래 오지랖은 '저고리의 앞자락'을 뜻하는 것으로 산모가 옷고름을 풀어 제 아기뿐만 아니라 남의 아기까지 젖을 먹이는 모습에서 '오지랖이 넓다'는 말이 나왔다.

그런데, 골프에서 1팀 4인이 라운드를 시작하면 자신을 뺀 나머지 3명의 오지랖이 삼천 평이다. 이러한 관심과 간섭을 넘나드는 남의 말로부터 자신의 멘탈을 지키고 자신만의 플레이를 하기 위해 필요한 세 가지 원칙을 3C라고 한다.

1) 자신감(Confidence)

자신감은 물음표(?)가 아니라 느낌표(!)다. 볼을 치기 전에 '잘 맞을까? 안 맞으면 어떡하지?' 등의 자신에 대한 부정적인 물음은 전혀 도움이 되지 않는다. 자신감은 긍정의 힘에서 나온다. 잭 니클라우스(Jack Nicklaus)는 "자신감은 골프에서 가장 중요한 요소고, 아무리 재능이 뛰어나도 그것을 얻고 유지하는 유일한 방법은 연습뿐이다"라고 했다. 그 만큼 많은 볼을 치고 더 많은 라운드를 경험해야 자신감을 형성할 수 있다는 것이다. 역사상 가장 위대한 선수 중 한 명으로 여겨지는 미국 프로 골퍼 벤 호건(William Ben Hogan)은 한 라운드에서 자신이 의도한 대로 정확한 샷을 구사하는 것은 3~4개뿐이라고 했다. 결국 더 많을 수밖에 없는 미스 샷을 대하는 방식이 자신감 형성과 직결된다고 할 수 있다.

골프코스에서는 자신에게 기술적인 피드백을 줘서는 안 된다. 그것은 스스로의 스윙을 의심하게 해서 자신감을 떨어뜨리게만 한다. 실수는 누구나 하는 것이기 때문에 미스 샷에 대한 부정적인 생각은 버리고 오직 다음 샷에만 집중해야 한다. 골프는 혼자서 하는 스포츠여서 상황이 악화되기 시작하면 코스에서 도와줄 사람이 아무도 없다. 자신에 대한 믿음이 사라지고 부정적이고 비합리적인 생각이 지배하기 시작하면 스코어 카드에는 0이 아닌 1 이상의 아라비아 숫자들이 등장하기 시작할 것이다. 골프의 가장 큰 도전 중 하나는 직전 샷이 아무리 좋았더라도 다음 샷을 잘 해야 한다는 것이다. 결국, 높은 수준의 자신감을 갖는 것이 잠재력을 최대한 발휘하는 데 필수적이며, 진정한 자신감이란 형편없는 샷을 한 후 볼에 다가가 스스로에게 '이번엔 최고의 샷이 될 것이다'라고 말할 수 있는 것이다.

2) 집중력(Concentration)

집중력은 선(線)이 아니라 점(點)이다. 골프는 주의 산만한 게임이다. 머리 위로 날아가는 까마귀나 타이밍 맞춰 나오는 동반자의 말소리, 재채기와 같은 외부의 산만함이 있다. 또 하나는 자신의 샷에 대한 의심, 슬라이스, 놓친 퍼트와 생크에 대한 걱정 등 내적 산만함이 있다. 외부 방해 요소는 어쩔 수 없지만 내부 방해 요소를 제어하는 방법을 배우거나 적어도 경기에 미치는 영향을 줄일 수는 있다. 당면한 일에만 집중할 수 있는 능력은 연습이 필요하지만 보기를 버디로 바꾸는 집중력은 그만한 가치가 있다. 외부 방해 요소를 차단하고 내부 방해 요소를 제어하는 방법은 생각과 시선을 선을 따라 펼치는 것이 아니라 한 곳의 점에 모으는 것이다. 아기 피부에 닿아도 무해한 햇빛이 렌즈를 통해 한 점에 모이면 광야를 불사를 수 있는 힘이 된다.

마음이 앞서 있다면 현재 직면하고 있는 샷에 어떻게 집중할 수 있을까? 답은 의외로 간단하다. 30분 후에 일어날 일이나 30초 전에 일어난 일을 통제할 수는 없다. 골퍼가 할 수 있는 것은 바로 다음 샷 또는 다음 퍼팅에 집중하고 최선을 다하는 것이다. 앞서간 마음을 항상 현재에 집중할 수 있게 한다면 스코어는 좋아질 수밖에 없다. 긴장을 풀고 실수를 잊는 가장 좋은 방법은 타이거 우즈가 전성기 때 사용했던 심리 전략인 '10야드 규칙'이다. 미스 샷을 한 후에 볼을 쳤던 곳부터 10야드 지점에 도달할 때까지 좌절감을 표출하고 그 이상의 선을 넘으면 그 장면은 과거의 역사고, 완전히 잊혀져야 하고, 다음 스트로크를 준비하는 전략이다. 코스에서의 모든 샷은 오직 한번뿐인 샷이다. 같은 지점에서 똑같은 샷을 두 번한다는 것은 이미 문제가 생겼다는 말이다. 따라서 평생 한번 밖에 할 수 없는 샷에 고도의 집중력으로 최선을 다해야 하는 것이다.

3) 통제(Control)

통제력은 자기 신세나 형편에 만족할 줄 아는 안분지족(安分知足)에서 온다. 자신감을 갖고, 집중력을 유지하는 능력 등의 정신적 속성은 모든 골퍼가 코스에서 달성하고자 하는 목표인 통제력으로 모아진다. 보이지 않는 것과 보이는 것 중에 어느 것이 제어하기가 쉬울까? 골프에서 볼이 놓여있는 곳은 현재고, 볼이 비행하여 멈추는 곳은 미래다. 원하는 결과인 미래와 타격의 대상인 목표, 즉 현재는 분명히 다른 물리적 위치에 있다. 그렇다면 골퍼가 통제, 또는 제어하기 쉬운 것은 당연히 미래가 아닌 눈에 보이는 현재다. 볼이 놓여있는 라이(lie)를 분석하고 이동해야 할 거리에 맞는 올바른 클럽을 선택하여 정확한 샷을 한다면 원하는 결과를 얻을 수 있다.

골프에서 심리적 반응과 육체적 행위를 통제하는 방식은 우리가 일상생활에서 수행하는 방식과는 정반대다. 심장, 소화기관, 생식기관, 혈관벽 근육처럼 대뇌, 즉 의식의 명령을 받지 않고 자율적으로 동작하는 불수의근(不隨意筋; involuntary muscle)과 관계없이 이루어지는 일상생활에서의 육체적 행동은 의식에 의해서 통제된다. 걸음을 걷다가 멈추고 싶을 때 멈추고, 다시 걷다가 길가의 벤치에 앉는 동작들처럼 말이다. 하지만 골프에서는 다르다. 골프에서의 몸은 무의식에 맡기고, 의식은 정신, 즉 멘탈을 제어한다. 골프에서 '흔들리는 생각'이 왜 그렇게 파괴적인지를 이해할 수 있다면 '골프는 멘탈게임이다'라는 명제에 동의할 것이다.

프로골퍼들은 두 눈을 가리고도 볼을 칠 수 있지만, 멘탈이 흔들려 정신적인 눈가리개를 하게 되면 자연스럽던 육체적 행동의 흐름은 깨지고 원하는 샷을 할 수 없게 된다. 골퍼가 볼을 치는 기본 동작을 몸에 익힐 때까지는 의식에 의한 통제가 중요하지만, 그 수준을 벗어나면 어드레스-테이크어웨이-백스윙-다운스윙-임팩트-팔로우 스루가 이루어지는 1~2초의 짧은 스윙메커니즘에 의식이 간섭할 틈은 없다. 매일 의식적으로 스윙연습을 하는 것은 역설적이게도 의식의 방해를 차단하고 무의식의 오류를 극복하려는 것이다. 의식적인 마음을 현재의 목표물에 고정하는 방법을 배울 때 무의식적인 마음이 샷을 재생하는 데 필요한 물리적인 움직임을 수행하게 한다는 것을 알게 된다.

모든 구기 종목을 관통하는 한 가지 원칙이 바로 볼을 끝까지 보는 것이다. 자신감과 집중력을 현재의 목표에서 벗어나지 않게 통제할 수 있어야 원하는 결과를 얻을 수 있다. 그 결과에서 욕심은 빼야 한다.

프랑스의 철학자이며, 수학자였던 파스칼(Blaise Pascal, 1623~1662)은 그의 책 '팡세 Pensées'에서 '인간은 생각하는 갈대(Man is a thinking reed)'라고 했다. 인간은 바람에 이리저리 흔들리는 갈대처럼 자연이나 우주에 비하면 약한 존재지만 '생각할 수 있는 능력'이 있다는 것이다. 생각하는 힘, 즉 멘탈 파워가 있어야 고수의 반열에 들 수 있고, 맨날 탈탈 털리면 평생 하수다.

7. 골프와 설득의 수사학

코로나 팬데믹(pandemic)으로 인해 전 세계인들이 마스크에 갇혀 보내는 난리 속에서도 2020년 봄부터 대한민국의 모든 골프장은 전성시대를 향유했다. 2008년 이후 골프장 회원권은 최고치를 기록하고, M&A시장에서의 골프장 매물은 몸값이 높아져 한 홀 당 80억 정도에 거래되었고, 해외여행 자제에 따른 국내 골프장 이용 수요가 증가함에 따라 그린피, 카트피, 캐디피가 동반 상승했다. 그럼에도 불구하고 골프장 예약 사이트가 마비가 될 정도로 골프장 예약은 더욱 어려워졌다. 겨울이면 급격히 이용객이 줄어들던 골프장이 2020년 겨울엔 영상 기온이 확보되는 날이면 자리가 없었다. 지역할인, 여성할인, 단체할인 등 우대권을 남발하며 고객을 모집하던 1년 전과 비교하면 너무나 다른 풍경이 펼쳐졌다.

미국의 소설가 마거릿 미첼의 유명한 장편소설이자 영화로도 만들어진 『바람과 함께 사라지다』(1936)의 마지막에 나오는 대사인 '내일은 또 다른 내일(Tomorrow is another day)'이 우리나라에서는 '내일은 내일의 태양이 뜬다'라는 번역으로 유명해졌는데, 이 대사처럼 코로나가 몰고 온 암흑기 속에도 우리는 새로운 계획을 세워야 한다.

모든 인간관계에는 설득의 심리학이 작용한다. 설득이 목적인 아리스토텔레스 수사의 3요소는 말하는 자의 신뢰(에토스, ethos), 말하는 내용(로고스, logos), 듣는 사람의 마음 상태(페이소스, pathos)다. 에토스는 깨달음이고, 로고스는 힘과 신념이고, 페이소스는 믿음과 창의다. 페이소스란 상대가 내 말을 들을 수 있는 상태를 만들어 내야 한다는 뜻으로, 문제가 있으면 서로를 이해할 수 있어야 해결되기 때문에 상대를 믿고 믿음의 확신이 설 수 있는 노력을 기울여야 한다는 것이다. 이러한 수사의 3요소 중에서 페이소스가 가장 중요한 요소라고 할 수 있다.

이 3가지 요소가 작용하는 설득의 심리학은 골프에도 적용된다. 기본적으로 골프는 두 귀 사이, 즉 뇌에서 벌어지는 마인드(mind) 또는 멘탈(mental) 게임이라고 한다. 클럽을 휘두르는 몸을 쓰는 피지컬(physical) 게임이지만 그 몸을 움직이기까지의 과정은 이미 '뇌'에서 결정되고, 그 '생각'의 영역에서 발생하는 부조화가 스윙리듬에 영향을 미쳐 원하지 않는 결과를 만들어 낸다.

수사의 3요소 중 에토스는 골프에서 플레이어 자신이다. 샷을 위한 준비는 '루틴(routine)'으로 시작된다. 골프에서의 루틴은 스윙을 하기 전후에 나타나는 일련의 습관화된 행동이나 심리적인 과정을 말한다. 골프뿐만 아니라 다른 스포츠에서도 선수들이 하는 일정한, 반복적인 행동은 모두 루틴에 포함된다.

유명한 프로골퍼들은 스윙코치 이 외에 마인드 컨트롤(mind control)을 위해서 심리전문가들에 의한 멘탈코칭을 받는다. 골프 황제 타이거 우즈는 전성기 시절 매년 멘탈코칭을 받는 데 100만 달러 안팎의 돈을 쓴 것으로 알려져 있다. 멘탈코치 대부분은 스포츠 심리전문가들이지만 특이한 전력의 코치도 있다. 최고의 골퍼 탑 3에 꼽히는 스페인 출신 존 람(Jon Rahm)의 멘탈코치는 '폭탄해체(bomb disposal)' 전문가라고 한다. 이 코치는 초긴장 상황에서 폭탄을 처리해야 하는 임무 중 터득한 노하우로 존 람의 분노조절장애를 상담해줬다고 한다.

둘째, 말하는 내용인 로고스는 플레이어가 실행하는 샷이다. 거리에 맞는 클럽을 선택하고, 볼이 놓여있는 라이(lie)에 적합한 샷을 구사해야한다. 클럽 선택이 잘못된 것은 논점에서 벗어난 주제를 대화에 끌어들이는 것이고, 지나치게 길거나 짧은 샷은 미사여구만 난무하는 목표를 놓친 대화를 이어가는 것과 같다.

마지막으로, 설득의 수사 요소에서 가장 중요한 것은 듣는 사람의 마음 상태를 의미하는 페이소스인데 골프에서의 페이소스는 플레이어가 자신의 샷을 가지고 상대해야 하는 코스의 상태다. 18개의 홀로 이루어진 골프코스는 매 홀 5가지의 구역으로 나누어져 있고, 그 각

각의 구역은 잔디의 길이는 물론 적용하는 규칙도 다르다. 드라이버로 티샷을 하는 티잉구역과 페어웨이나 러프로 이루어진 일반구역, 모래밭인 벙커, 대부분이 물로 채워져 있는 패널티구역, 그리고 골프의 목표인 볼을 집어넣을 홀이 있는 퍼팅그린, 이렇게 5가지의 다양한 구역이 있다. 또한 같은 페어웨이, 동일한 퍼팅그린이라고 해도 코스의 높고 낮은 기복 또는 굴곡, 오르막과 내리막의 언듈레이션(undulation)이 있어서 똑같은 거리가 남아도 매번 다른 클럽을 가지고 그 상황에 맞는 다양한 샷을 구사해야 하는 것이다. 발끝 내리막은 왼쪽을, 발끝 오르막 라이에서는 타깃을 벗어난 오른쪽 지점을 오조준(誤照準)해서 샷을 하는 경우도 있고, 심한 내리막이 남은 다운힐 퍼트(downhill putt)에서는 쓰리퍼트를 피하기 위해 래그퍼트(lag putt)로 홀에 가깝게 붙이기만 할 때도 있다.

결국, 핸디캡이 한 자리수인 싱글핸디캡퍼(Single-Digit Handicapper)라도 볼이 놓여있는 상태에 맞는 적합한 샷을 해야 한다. 손자병법의 상대를 알고 나를 알면 백 번 싸워도 위태롭지 않다는 뜻의 '지피지기 백전불태(知彼知己百戰不殆)'라는 구절에서도 상대방을 아는 '지피(知彼)가 먼저인 것을 잊지 말자.

8. 징크스와 루틴

2021년 9월 12일 KPGA 열두 번째 대회인 제37회 신한동해오픈에서 서요섭 프로가 15언더파로 올해 두 번째 우승을 했다. 우승 후 현장 인터뷰에서 지난 8월 15일 제64회 KPGA 선수권대회 우승 당시 마지막 날 입었던 것과 똑같은 핑크 셔츠와 흰색 바지를 입은 것에 대한 질문을 받고 그는 "지난 주 대회 때도 상위권이었는데 부모님이 핑크셔츠 입는 것에 반대하셨고 결국 마지막 날 잘 못 쳐서 상위권에 들지 못했다. 그래서 이번 대회 성적이 좋으면 마지막 날 핑크셔츠를 입겠다고 말씀드렸었다"고 했다.

골프 황제 타이거 우즈는 4라운드 날에는 늘 'Red & Black'으로 빨간색 셔츠와 검은색 바지를 입는다. 1996년 프로 데뷔 후 지난 25년이 넘는 세월 동안 그 일요일 복장은 최소한 색상 면에서는 많이 바뀌지 않았다. 많은 골프팬들이 레드 앤 블랙의 타이거 우즈를 기억하기 시작한 것은 1997년 마스터스에서 우승을 확정짓는 마지막 퍼트를 성공한 뒤 그가 주먹을 휘두르는 모습이다. 우즈는 이날 오거스타 내셔널에서 빨간색 나이키 스웨터와 검은색 바지를 입고 있었다. 우즈가 최종 라운드에 빨간색 옷을 입는 데 집착한 이유는 무엇일까? 우즈는 2013 AT&T 내셔널에서 열린 기자회견에서 "나는 대학 시절부터, 또는 주니어 골프 시절부터 항상 빨간색을 입었다. 그냥 미신(superstition) 때문에 그것을 고수했고 효과가 있었다. 나는 우연히 실제로 빨간색이 상징인 학교를 선택했고 우리는 행사의 마지막 날에 빨간색을 입었다. 앞으로도 그것은 변하지 않을 것이다"라고 했다.

우리는 '어떤 행위를 오랫동안 되풀이하는 과정에서 저절로 익혀진 행동 방식'을 습관(習慣)이라고 한다. 그런데 엄청난 압박감에서 승부를 다뤄야 하는 스포츠 분야에서는 그 습관이 루틴(Routine)이 되기도 하고 징크스(Jinx)가 되기도 한다. '징크스(Jinx)'는 불길한 징후를 뜻하지만 일반적으로 선악을 불문하고 불길한 대상이 되는 사물 또는 현상, 사람의 힘으로는 어찌할 수 없는 운명적인 일 등을 말하는데 고대 그리스에서 마술(魔術)에 쓰던 딱따구리의 일종인 개미잡이새(학명: Jynx torquilla) 이름에서 유래한 것으로 알려져 있다. 이 새는 흉조로 여겨졌는데 영어 이름인 '라이넥(wryneck. wry는 뒤틀린, neck은 목이라는 뜻)'에서 알 수 있듯이 목을 180도 회전할 수 있고 실제로 무엇인가의 위협을 받으면 목을 꼬면서 뱀처럼 소리를 낸다고 한다.

심리학적 관점에서 징크스가 생기는 이유는 어떤 일이 일어난 사건의 원인을 나 자신이 아닌 다른 곳에서 찾아 설명함으로써 심리적인 안

정과 위안을 얻기 위해서라고 한다. 결국 외부의 어떤 대상 탓을 함으로써 자신의 문제를 모면해보기 위한 비겁한 변명이다. 징크스는 일종의 미신이며 인과관계보다는 우연의 결과가 더 많고, 대부분 패배의 원인과 관련된다.

최악의 상황은 이런 징크스가 입스로 연결될 때이다. '입스(yips)'란 골프에서 스윙 전 샷 실패에 대한 두려움으로 발생하는 각종 불안 증세로서, 부상 및 샷 실패에 대한 불안감, 주위 시선에 대한 지나친 의식 등이 원인이 되어 손·손목 근육의 가벼운 경련, 발한 등의 신체적인 문제가 일어나는 것이다. 미국 메이요클리닉의 연구 결과, 전 세계 골퍼의 25% 이상이 입스를 경험하는 것으로 나타났다. 입스라는 단어를 처음 쓴 사람은 메이저 3승을 거둔 스코틀랜드의 전설적인 골퍼 토미 아머(Tommy Armour, 1896~1968)라고 알려져 있는데, 1927년 쇼니 오픈 2라운드 17번 홀(파5)에서 18오버파 '23타'라는 스코어를 기록한 후 "입스가 일어난 것 같다"고 했다. 2016년 마스터스 1번 홀에서 6퍼트를 한 어니 엘스는 라운드가 끝난 뒤 "머릿속에 뱀들이 돌아다니는 것 같았다"라며 답답함을 호소했다.

하지만 습관이 항상 부정적인 의미만 갖는 것은 아니다. 골프에서 스윙을 하기 전후에 나타나는 일련의 습관화된 행동이나 심리적인 과정을 루틴(routine)이라고 하는데, 골프뿐만 아니라 다른 스포츠에서도 선수들이 하는 일정한, 반복적인 행동은 모두 루틴에 포함된다. '멘탈 스포츠'인 골프에서 루틴은 중요한 역할을 한다. 루틴의 역할은 첫째,

무의식적인 멘탈상태에서 실제 스윙동작을 할 수 있게 해주고, 둘째, 샷과 샷 사이의 시간적 간격으로 인해 흐트러졌던 주의를 집중하게 해 준다. 결국, 루틴은 최상의 샷을 할 수 있게 하는 모든 준비 단계를 말하는 것이다.

결론적으로 말해서 패배의 원인을 근거 없는 미신을 만들어 의지하는 사람은 징크스의 마법에 빠지는 것이고, 승리를 향한 노력의 과정에서 습관화된 행동을 긍정의 신호로 해석하는 사람은 루틴의 수혜자가 되는 것이다. 레드 앤 블랙을 입으면 타이거 우즈처럼, 핑크 앤 화이트는 서요섭 프로처럼 플레이할 것이라는 믿음은 징크스도 루틴도 아닌 엄청난 착각일 뿐이다. 흘린 땀으로 레드가 핑크로 색이 바랄 때까지 노력하지 않으면서 고수가 되길 바라는 것은 글자를 읽지도 못하면서 안경을 쓰면 글자를 모두 읽을 것이라고 착각하는 것과 같다. 모든 행동이 남을 탓하면 징크스가 되고 자신을 믿으면 루틴이 된다.

9. 개와 늑대의 시간

골프를 좋아하는 사람은 부지런하다. 아직 날이 밝기도 전에 집을 나서서 골프장을 향해 국도, 고속도로, 그리고 산길을 달리다 보면 그때서야 날이 밝는다. 4시간 반의 라운드를 위해 5시간의 운전도 기꺼이 감수하는 사람들이다. 기업의 성장을 위해 정보수집, 자료 분석 그리고 예측투자가 누구보다 빨라야 하는 CEO처럼 새벽골퍼는 아무도 가지 않은 길을 앞서 달리는 개척자인 퍼스트 무버(first mover, 선도자)이며, 때로는 새로운 제품이나 기술을 빠르게 따라가듯이 고수들의 발자취를 좇는 하수들은 패스트 팔로우어(fast follower, 추격자)가 된다.

'개와 늑대의 시간'은 하루에 두 번 빛과 어둠이 서로 바뀌는 '이른 새벽'과 '늦은 오후'를 의미하며, 개와 늑대가 등장하는 것은 사물의 윤곽이 흐려져서, 저 멀리서 어슬렁거리며 다가오는 것이 내가 기르던 개인지 나를 해칠 늑대인지 분간할 수 없는 시간대이기 때문이다. 쿠바의 혁명가 카스트로가 '골프는 게으른 부자들의 게임'이라고 했지만 남들보다 먼저 새벽시간을 활용하고 5시간의 라운드를 하기 위해 계획한 일들을 미리미리 마무리하는 골퍼에게 게으름이란 없다. 항상 바쁘게 달리는 'busy-run' 부지런한 사람들이다.

'개와 늑대의 시간'이 골퍼들의 마음과 닮아있는 것은 1985년에 제작된 리처드 도너(Richard Donner) 감독의 미국 영화 '레이디호크(Ladyhawke)'를 보면 알 수 있다. 아퀼라성의 성주인 추기경은 아름다운 여인 이자보에게 빠져 구혼을 하지만 이미 추기경의 호위대장인 나바르를 사랑하게 된 이자보는 이를 거절한다. 이자보에게 거절당한 추기경은 욕망과 질투에 사로잡혀 악마와 거래를 맺어 낮이면 이자보는 매로 변하고, 밤이면 나바르가 늑대로 변하도록 마법의 주문을 걸어 영원히 두 사람이 함께 할 수 없도록 했다. 함께 있어도 사람일 때는 만날 수 없는 두 사람은 서로의 곁에 있지만 빛과 어둠이 교차하는 찰나에만 사랑하는 사람을 스쳐볼 수 있다. 그 짧은 순간을 기다리는 애절함에 해가 뜨기를 고대하고 해가 지는 것을 아쉬워하는 골프를 사랑하는 사람들의 심정이 그대로 담겨있다. 그 애틋한 아쉬움에 결국 18홀 라운드가 끝나면 '나인 홀 추가'를 외치게 되는 것이다.

단 하루의 낮과 밤이 아닌 우리나라 1년 사계절 열두 달의 기념일과 골프를 연계해서 지은 시 한편이 있다.

골프와 기념일

3.1절에는 망설였지만
4.19에는 자발적 참여를
5.18에는 들불처럼 타올랐고
6월 6일부터는 자숙의 시간을
7월 17일과 8월 15일은 잠시 쉬어간다.
10월 3일과 10월 9일은 우리나라 만세!
10.26은 종말의 서곡!

「詩가 있는 골프에 山다」(2017)

봄! 3월이면 골퍼들도 긴 겨울잠에서 깨어난다. 개구리가 겨울잠에서 깨어나는 경칩(驚蟄)도 이맘때쯤이다. 3월 초의 골프라운드는 아직 눈이 남아있는 곳도 있고, 얼어 있는 곳이 많아서 자칫 부상의 위험이 있기 때문에 조심스럽다. 조국의 독립을 위한 만세운동이지만 생명의 위협과 가족의 안위 때문에 망설였던 일제 강점기를 살아낸 우리 조상들처럼 말이다. 하지만 미국시인 T. S. 엘리엇이 '황무지(The Waste Land)'에서 '사월은 가장 잔인한 달, 죽은 땅에서 라일락꽃을 피우며, 추억과 욕망을 섞으며, 봄비로 생기 없는 뿌리를 깨운다'라고 한 것처럼 긴 겨울 언 땅을 견뎌낸 초록의 잔디가 있고 인생 최고의 스코어인 추억속의 라베(LIFE TIME BEST SCORE)를 깨고 싶은 욕망이 가득한데 코스로 달려 나갈 시간이나 돈이 없는 골퍼들에게는 정말 잔인한 달인 것이다. 겨우내 전지훈련이나 실내연습장에서 갈고 닦은 실력과

라이벌들 모르게 장만한 비장의 무기들을 뽐내고 싶어 밤잠을 설치기 때문이고, 3·1운동으로 건립된 대한민국임시정부의 법통과 불의에 항거한 4·19민주이념을 계승하자는 대한민국헌법 전문처럼 설레기 때문이다. 그래서 5.18민주화운동 시점은 골퍼들의 민심이 폭발하는 기간이다.

우리나라 골퍼들의 인생에서 가장 아름답고 행복한 순간을 표현하는 화양연화(花樣年華)는 박정희 대통령과 떼려야 뗄 수가 없다. 1961년 5.16쿠데타로 정권을 장악하여 1979년 10.26사태까지 18년간의 통치가 이어진 것처럼 5월의 라운드는 10월 말까지 이어지는 게 일반적이다. 계절의 여왕 5월이 오면 골프장의 그린과 페어웨이는 여왕의 자태를 뽐내듯 초록의 비단결과 색색의 꽃들로 골퍼들을 유혹하고, 골프장 예약전쟁은 맛집 식당의 자리잡기보다 치열하다. 하지만, 6월 6일 현충일은 순국선열과 호국영령의 희생정신을 기리며 경건하게 보내야 한다. 이 날 라운드 나갔다가 옷 벗은 고위공직자들이 한둘이던가? 물론 네 명이 옷 벗으면 한 팀 짜서 또 라운드 가겠지만……

6월 말 장마 기간과 7~8월 폭염은 건강을 생각해서 잠시 쉬고, 9월 추석연휴는 가족과 함께 시간을 보내야 한다. 환상적인 가을골프와 겨울 전지훈련을 위한 지혜로운 포인트 적립이다. 과부 달러 빚을 내서라도 골프 나간다는 가을이 오면 10월 3일 개천절과 10월 9일 한글날은 우리나라 만세요, 골퍼들도 만세다. 고운 가을 단풍과 청명한 날씨 속에 초록의 골프코스를 걷는다는 것은 말짱 도루묵, 도로 백돌이가 된다고 해도 축복이다. 박정희 대통령 장기집권의 종말을 고한 10.26사태가 지나면 대부분의 골퍼들도 라운드를 정리하기 시작한다. 하지만 10.26사건이 일어나기까지 1979년 10월 16일부터 20일까지 부산 및 마산 지역을 중심으로 벌어진 박정희 유신독재에 반대한 부마항쟁처럼 골퍼들이 순순히 클럽을 내려놓지는 않는다. 아침 서리에 미끄러져 병원 영안실을 지나쳐서 응급실을 한 번 가봐야 물러날 때가 왔음을 깨닫는다.

사계절이 뚜렷한 우리나라는 늦가을인 11월이 되면 추위 때문에 골프 라운드하기가 꺼려진다. 특히나 차령산맥 북쪽의 충청북도와 강원도 골프장은 11월 말이나 12월에 눈이 내리면 긴 휴장에 들어간다. 물론 특수부대 출신 다람쥐 골퍼들은 눈밭에서 도토리 찾듯이 하나하나 볼을 찾아가며 겨울골프를 즐기기도 하지만 53만 명의 모든 군인이 특수부대원이 될 수는 없지 않은가? 그래서 우리나라 골퍼들은 겨울이 오면 철새들처럼 따뜻한 남쪽 나라로 떼 지어 이동을 한다. 철새들과 다른 점은 수컷들이 아내와 아이들은 두고 떠난다는 것이다. 아주 매정한 종족이다. 일부는 짐을 싸서 실내연습장이나 스크린골프장으로 들어가 조용히 은둔생활을 하고, 일부는 재기를 꿈꾸며 해외 망명을 떠난다. 물론 많은 주말골퍼들은 골프백과 함께 긴 겨울잠을 자기도 한다. 하지만 그 잠 속에는 놓아 버릴 수 없는 간절한 꿈이 있다. 다시 다가올 사랑과 내 청춘의 봄날을 기다리는 꿈 말이다.

Hole 3
par5

매너있는 골퍼

10. 골프매너 3R
11. 티키타카(tiki-taka)와 골프 동반자
12. Green Fee와 Green Pee
13. ESG경영과 ESG골프
14. 같이 골프하기 싫은 사람은?

10. 골프매너 3R

"때와 장소, 경우에 따른 방법과 태도, 복장 등의 구분"을 영어 머리글자를 따서 T.P.O라고 한다. 시간(time), 장소(place), 상황(occasion)에 따라 마음 편하게 일상생활에서 약식으로 착용할 수 있는 간편한 옷차림의 캐주얼웨어와 사회인으로서 공식적인 자리에 맞게 착용하는 오피셜웨어로 나눌 수 있다. 골프업계에서도 골프웨어가 차지하는 비중이 큰데, 20~30대 젊은 층을 중심으로 골프 인구가 늘어나면서 골프 의류 시장이 매해 두 자릿수 증가율을 보이고 있다. 한국레저산업연구소에 따르면 국내 골프의류 시장은 '2030고객'의 신규 진입 등에 힘입어 2014년 2조8000억 원 규모에서 2020년 5조 원대로 성장했다. '렌털문화'가 골프계까지 번져 클럽으로 시작한 렌털서비스가 금기처럼 여겨졌던 의류로도 확산하는 추세다.

외형을 갖추는 것이 T.P.O라면 골퍼에게 더 중요하면서도 코스에서 반드시 지켜야 하는 골프매너로서 '3R'이 있다.

1) Replace the divot. (디봇을 수리하라)

샷을 하다보면 디봇이 생기는 게 당연하다. 디봇은 두 가지 의미로 쓰이는데 파인 자국뿐만 아니라 떨어져 나간 잔디도 디봇이라고 한다. 특히나 한국잔디가 아닌 양잔디에서 아이언 샷을 하면 커다란 뗏장이 날아다니는데, 일명 '돈가스'라고 한다. 그린피를 지불했으니 골프코스에 자국을 남기는 것 때문에 비난을 받지는 않는다. 문제는 그 자국의 처리다. 날아간 뗏장을 가져와 제 자리에 놓고 꾹꾹 밟아 주거나, 캐디의 도움을 받아 모래로 채워 넣어도 된다. 프로들 시합에서 샷을 한 후 그냥 이동하는 선수보다는 디봇를 수리하기 위해 날아간 잔디를 찾는 선수의 모습이 훨씬 아름답게 보인다. 거의 모든 선수들이 그렇게 한다. 오히려 주말골퍼들이 소홀히 하는 일이다.

수리되지 않은 페어웨이의 디봇에 볼이 들어가 있어서 어떻게 샷을 해야 할지 고민해본 경험이 있다면 디봇 수리는 골퍼가 반드시 지켜야 하는 원칙이다. 더구나 디봇은 무벌타 구제를 받지도 못한다. 골프규칙 1.2a 플레이어의 행동기준(Standards of Player Conduct)에서도 코스의 보호를 위해 '디봇을 제자리에 갖다 놓고 벙커를 정리하고 볼 자국을 수리하며 코스에 불필요한 손상을 입히지 않도록 해야 한다'고 규정하고 있다.

2) Repair the ball mark. (그린 위의 볼 자국을 수리하라)

퍼팅그린은 일명 '댄스 플로어(dance floor)'라고 불릴 만큼 매끄럽게 다듬어져 있어야 한다. 하지만 플레이어의 샷으로 볼이 그린에 떨어지면 어쩔 수 없이 자국이 생긴다. 이것을 볼마크(ball mark) 또는 피치마크(pitch mark)라고 하는데, 수리되지 않은 볼마크는 퍼팅의 가장 큰 장해요소가 된다. 프로골퍼들의 경기를 보면 그린에 올라와서 제일 먼저 자기의 볼 자국을 수리하는 모습을 볼 수 있다.

예전에는 볼마크와 홀 자국만 수리할 수 있었지만 2019 개정규칙에서는 원래상태로 복구하기 위한 합리적인 행동은 모두 허용하고 있다. 따라서 볼 자국, 스파이크 자국, 깃대에 찍힌 자국, 예전 홀 자국, 잔디 이음매, 동물 발자국, 그린에 박힌 돌이나 나무 열매 등이 있었던 자국, 우박으로 인한 손상도 무벌타로 수리할 수 있다. 또한, 프린지에 있는 모래나 흙은 치울 수 없지만 퍼팅그린에 있는 모래나 흙은 제거할 수 있다.(13.1c/2) 퍼팅그린 손상을 복구할 수 있는 범위를 많이 넓혔지만 퍼팅그린의 모든 상황을 수리할 수 있는 것은 아니다. 통기작업(aeration)으로 인한 구멍, 그린에 잡초가 난 부분이나 잔디가 죽거나 병들어 고르게 나지 않은 부분, 홀이 자연적으로 마모된 부분, 급수나 비, 그 밖의 자연의 힘에 인한 손상은 수리할 수 없다. 위 네 가지 원인에 의한 손상을 수리하면 일반페널티(2벌타)를 받는다.

3) Rake the bunker. (벙커를 정리하라)

벙커에 공이 들어가면 벙커샷을 하기 위해 두 발을 모래 깊이 파묻는

게 보통이다. 그래서 벙커샷이 끝난 벙커를 보면 발자국이 만든 웅덩이가 상당하다. 뒤 따라오는 골퍼들을 위해 벙커 주위에 있는 고무래를 이용해서 자신의 흔적은 깨끗이 지우고 가는 것이 매너다. 벙커를 정리한 후 고무래를 벙커 안에 두는지 벙커 밖에 둬야하는지를 놓고 논란이 있었다.

골프전문지 골프다이제스트는 미국골프협회에 고무래의 올바른 위치를 물어본 적이 있다. 토마스 파걸 USGA 룰디렉터는 "간단히 말해 옳고 그른 게 없지만 USGA대회에서는 고무래를 벙커 밖에 놓되 플레이 선상과 평행하게 놓도록 권유한다"고 말했다. 유명선수와 골프 전문가 30명에게도 물어봤는데, 설계가 피트 다이, 줄리 잉스터, 필 미켈슨, 게리 플레이어 등 9명은 벙커 안에, 마이크 데이비스 USGA 사무총장, 벤 크렌쇼, 톰 왓슨, 잭 니클라우스 등 15명은 벙커 밖에 있어야 한다고 했다. 벙커 밖에 놓는다는 의견이 우세한 정도에 그칠 뿐 압도적이지는 않다. 벙커 안이든 밖이든 중요한 것은 고무래가 볼의 진로를 방해해서 골프 경기의 승패에 영향을 주어서는 안 된 다는 것이다. 따라서 벙커샷을 한 뒤 벙커를 평평하게 고르고 고무래는 홀과 평행한 방향으로 놓아두는 것이 좋겠다.

2019 개정규칙에 대한 오해 중에 벙커 모래를 건드려도 된다고 생각하는 골퍼들이 많은데, 볼에 스트로크를 하기 전에 손·클럽·고무래·그 밖의 물체로 모래 성질을 테스트하거나, 볼 바로 앞뒤 모래에 클럽이 닿거나, 연습스윙을 하면서 닿거나, 백스윙을 할 때 모래를 건드

리면 일반페널티(2벌타)를 받는다.(12.2b/1) 볼이 벙커에 들어가서 플레이가 불가능한 언플레이어블 볼(Unplayable Ball)을 선언하여 구제를 받는 방법은 1벌타를 받고, 직전 스트로크 지점에서 한 클럽 이내에서 드롭하여 다시 치거나, 벙커 안에서 후방선 구제를 받거나, 벙커 안에서 기준점 두 클럽 이내 측면 구제를 받을 수 있다.(19.3a) 2019 개정규칙에서는 한 가지 방법을 더 추가했는데, 2벌타를 받고 홀로부터 원래의 볼이 있는 지점을 지나는 직후방의 기준선을 따라 벙커 밖에서 후방선 구제를 받는 것이다.(19.3b)

골프는 오랫동안 신사의 스포츠로 알려져 왔다. 그 이유는 20세기 초까지도 남성들만의 전유물이어서도 그랬지만, 골프가 심판 없이 스스로 규칙을 지켜가며 플레이하는 스포츠였기 때문이다. 하지만, 골프 규칙은 실용적인 목적을 가지고 있었다. 골프 에티켓의 일반적인 이유는 1) 코스에서 골퍼의 안전을 보장하기위한 것, 2) 경기의 흐름을 유지하기 위해서, 3) 골프코스를 유지하기 위한 것이다. 홀에서 멀리 있는 골퍼가 먼저 샷을 하게 한 것은 클럽이나 볼에 의한 타구 사고를 막기 위한 것이고, 퍼팅그린에서는 누구의 차례인지 토론하는 시간을 절약할 수 있으며 다른 사람이 준비할 수 있는 시간을 줄 수 있기 때문이기도 하다. 이러한 기본적인 골프 에티켓에 더하여 코스 위의 골퍼들이 '3R 원칙'을 실천한다면 초록의 코스는 신선이 노니는 무릉도원이 될 것이다.

11. 티키타카(tiki-taka)와 골프 동반자

인터넷 커뮤니티 특정 게시 글에 서로 재치 있고 유머 있는 댓글을 주고받거나, 휴대전화 상의 '가까워 톡'이나 밴드에서 실시간 문자로 소통하거나, 쿵짝이 잘 맞는 사람들 사이에 빠르게 대화를 주고받는 것을 '티키타카'라고 한다.

원래 티키타카(tiqui-taca)는 스페인어로 탁구공이 왔다 갔다 하는 모습을 뜻하는 말로서, 짧은 패스를 빠르게 주고받는 축구 경기 전술을 말한다. 티키타카 전술은 네덜란드 출신 리누스 미헬스(Rinus Michels) 감독이 창안하고 본인이 지휘봉을 잡았던 아약스, 바르셀로나, 네덜란드 국가대표 팀에서 구현했던 '토털 사커'라는 축구 스타일에서 비롯되었는데, 그 전술이 본격화된 것은 미헬스의 애제자인 요한 크루이프가 스페인 라리가의 FC 바르셀로나 감독이 된 90년대부터였다. 리오넬 메시가 소속되어 있는 FC 바르셀로나는 상대팀에 비해 일방적으로 높은 볼 점유율을 바탕으로 드리블을 최소화한 채 골키퍼 이외의 10명의 선수들이 각자 위치를 잡고 끊임없이 많은 패스로 경기를 풀어나가는 것으로 유명했다.

골프에서의 '티키타카'란 동반자와의 화학 반응(chemistry)으로 사람들 사이의 조화나 주고받는 호흡을 의미하는 '케미'를 말하는 것이다. 동반자(同伴者)는 '어떤 행동을 할 때 짝이 되어 함께하는 사람'을 의미하는데, 경쟁과 승부가 존재하는 스포츠 중에 같은 조의 경쟁자를 동반자라고 부르는 종목은 골프 밖에 없을 것이다.

R&A와 USGA 골프 룰의 '용어의 정의'에 골프를 하는 사람을 의미하는 것은 두 가지가 있다. 첫째는, 파트너(Partner)다. 파트너란 매치플레이나 스트로크플레이에서 다른 플레이어와 한 편을 이루어 함께 경쟁하는 플레이어를 말한다. 같은 편이다. 두 번째는, 상대방(Opponent)이다. 상대방이란 매치에서 플레이어와 경쟁하는 사람을 말하는데, 이 용어는 매치플레이에만 적용된다. 반대편이다.

하지만, 우리나라 골퍼들은 파트너도 상대방도 동반자라고 한다. 함께 골프코스에서 퍼팅 그린 위에 있는 홀을 향해 같은 곳을 바라보며 같은 목적을 향해 나아가기 때문에 동반자라고 한다. 그렇다면 좋은 동반자는 어떤 골퍼일까?

첫째, 최소한 라운드 시작 30분 전에 도착하는 골퍼다. 보통 어떤 팀의 티오프 시간을 배정받은 캐디는 1시간 전부터 대기하며 골퍼들의 백이 도착하는 대로 카트에 옮겨 싣는다. 코스로의 이동 시간을 고려하여 늦어도 티오프 15분 전에는 4명의 백과 고객의 카트 탑승이 완료되어야 하는 것이다. 체크인과 옷 갈아입는 시간, 그리고 동반자간의 반가운 인사를 위해서라도 30분 전에는 도착하자.

둘째, 신속한 플레이를 하는 골퍼다. 티샷 전에 드라이버, 볼과 티를 준비하여 자기 차례가 되면 루틴에 따라 티샷을 해야 한다. 페어웨이에서는 캐디에게 대강의 거리를 물어본 후 그에 맞는 클럽을 두 개 정도 들고 볼이 있는 곳으로 이동하여 샷을 하고, 퍼팅그린에서는 카트에서 내려 퍼터를 들고 그린에 올라가 볼 마크 후 미리 퍼팅라인을 살핀 후 자신의 순서가 오면 퍼팅해야 한다. 동반자가 플레이하는 시간을 자신의 샷을 위한 준비시간으로 이용하는 골퍼가 되자.

셋째, 입을 닫을 때와 열 때를 아는 골퍼다. 골프가 도전과 안전의 계속되는 선택이지만, 침묵과 레슨은 선택이 아니다. 동반자가 어드레스를 시작했다면 집중할 수 있도록 침묵은 필수고, 동반자의 샷이 요단강을 건넜어도 본인이 요구하지 않는 레슨은 인격살인이다. 지나친 레슨은 동반자를 무시하는 행동이고 플레이 시간을 지체시켜 다른 팀들에게도 영향을 미치게 된다. 하지만, 멋진 샷에는 '굿샷'을, 그린에서는 '컨시드'를 주저하지 말아야 한다.

넷째, 가까이하지도 멀리하지도 않는 '불가근 불가원'(不可近 不可遠)하는 골퍼다. 골퍼의 시야는 볼이 날아갈 수 있는 방향이다. 골퍼의 등 뒤쪽으로만 볼이 가지 않는다. 자신의 안전을 위해 샷하는 골퍼보다 앞서 있거나 너무 가까이 서있으면 안 된다. 퍼팅그린에서는 그림자까지도 시야에서 벗어나야 한다. 하지만, 동반자의 볼이 위험지역으로 갔다면 멀리 혼자 두지 않고 함께 찾아 주는 골퍼가 되어야 한다.

마지막으로, 18번 홀 그린을 오늘 라운드의 끝이 아니라 다음 라운드를 위한 준비로 생각하는 골퍼다. 캐디나 동반자에게 화를 내며 찌푸린 얼굴을 누가 다시 보고 싶어 하겠는가? 그 날 망했어도 그 스코어와 불운은 18홀 컵 속에 묻어버리고, 웃는 얼굴로 캐디와 동반자에게 수고했다고 인사하는 젠틀맨 골퍼가 되자.

골프규칙 1.2a 플레이어의 행동기준 두 번째에서는 '타인을 배려하여 신속한 속도로 플레이하고, 타인의 안전을 살피며, 다른 플레이어의 플레이에 방해가 되지 않도록 해야 한다'고 규정하고 있다. 이것만 지키면 좋은 동반자가 아닐까? 물론 부인을 배려하여 신속한 속도로 세탁과 설거지를 하고, 부인의 기분을 살피고, 부인의 수면에 방해가 되지 않도록 노력하면 좋은 남편, 훌륭한 인생의 동반자가 될 수도 있다.

12. Green Fee와 Green Pee

골퍼들 사이에는 '함께 술을 마셔보면 그 사람에 대해 조금 알 수 있고, 함께 고스톱을 쳐보면 그 사람에 대해 많이 알 수 있고, 함께 골프 라운드를 돌면 그 사람의 전부를 알 수 있다'는 말이 회자된다. 술은 함께 취하면 그만이고, 고스톱은 기본적으로 포커페이스로 상대방을 속여야 하는 놀이지만, 5시간 정도 코스에서 게임을 지속해야 하는 골프에서는 동반자를 속이기도 어렵지만 설령 눈을 피해 알까기로 죽은 공을 살려 놓았다고 해도 자기 자신을 속일 수 없는 불안감에 결국 스윙이나 퍼팅이 무너져서 더 큰 손실을 보게 된다.

이러한 속성을 가진 골프이기에 각 대학에서 운영하는 우리나라 인맥 쌓기의 요람인 CEO과정이나 고위자과정의 필수 커리큘럼이 골프고, 그 과정 이수 후 가장 지속적인 교류가 이어지는 것도 골프모임인 것을 보면 골프가 개인의 인적 네트워크를 구축하는 데 얼마나 중요한 역할을 하는지 알 수 있다.

미국골프재단의 설문조사에 따르면, '라운드 할 때 가장 신경 쓰이는 동반자는 누구일까?'라는 질문에 응답자의 49%가 '나보다 골프를 잘하는 사람'이라고 답했고, 그 뒤로 고객(27%), 상사(13%)였다. 라운드 중 황당한 에티켓 위반 사례로는 45%가 '상대방이 스윙하고 있을 때 얘기하는 것'을 들었고, 그 다음은 '끊임없이 전화하는 것'(33%)이었고, 라운드에서 gimme(Concessions=concede a stroke)를 주는 거리는 29%가 2피트, 26%가 1피트라고 답했고, gimme없이 플레이한다는 사람은 16%였다. 골프규칙3.2b에서는 매치플레이에서만 스트로크나 홀 또는 매치를 컨시드할 수 있다고 규정하고 있다.

그렇다면 코스 위의 신사를 자처하는 골퍼들은 동반자에게서 어떤 면을 보고 싶어 하는 걸까? 모 침대회사가 150주년을 맞이해서 영국의 오래된 격언이자 영화 '킹스맨(The King's Man)'의 명대사인 'Manners Maketh Man'을 이용해서 만든 광고 'Manners Maketh Comfort(매너가 편안함을 만든다)'에서 그 답을 찾을 수 있다.

이 광고의 가장 큰 특징은 광고상품인 침대가 전혀 등장하지 않는다는 것이고, 그러면서도 전하고 싶은 메시지인 '편안함'을 감각적인 비주얼과 유머를 이용해 효과적으로 전달하고 있다는 점이다. 누구나 일상에서 흔히 접할 수 있는 슈퍼마켓과 지하철을 배경으로 타인에 대한 배려가 모두의 편안함을 보장하며 그 편안함이 침대 속의 편안함과 같다는 것이다.

바로 이 매너를 통한 편안함과 그 속에 담긴 유머가 골퍼들이 동반자에게서 바라는 최고의 덕목이다. 화려한 의상이나 고가의 장비로 중무장한 자본주의 기갑병을 원하는 것이 아니다. 비록 낡은 캐디백과 손때 묻은 클럽을 들었지만, 단정하고 깔끔한 차림의 외모와 온화한 미소로 중무장한 젠틀맨이 바로 코스 위의 킹(King)으로 인정받는 것이다.

골프에서의 매너는 두 가지로 나누어 볼 수 있다.
첫째는 인품으로서의 매너다. 그 사람의 기본적인 평가는 언행(言行)을 보면 알 수 있다. 그가 쓰는 모국어의 수준이 많은 것을 말해준다. 모국어(母國語; mother tongue)란 그 말에서 알 수 있듯이 태어나서 처음 습득하여 익힌 언어이며, 어려서부터 어머니에게서 듣고 배우며 자란 언어이기에 인간의 정체성 확립에 중요한 역할을 한다.

동반자끼리의 대화는 골프모임 이전에 알고 있는 지인이거나 혹은 라운드 당일 처음 인사를 나눈 사이일지라도 서로가 용인할 수 있는 범위 내에서 이루어진다. 그런데 제5의 동반자라고 할 수 있는 캐디에게 쓰는 언어는 무의식중에 그 사람의 밑천이 드러나게 할 때가 많다. 대표적인 예가 '언니'다. 표준국어대사전에서의 언니는 '1. 여자 형제 사이에서 항렬이 같은 동성의 손위 형제를 부르는 말. 2. 남남끼리 나이가 위인 여자를 높여 정답게 부르는 말. 3. 오빠의 아내를 이르거나 부르는 말.'이다. 1938년 간행된 『조선어 사전』을 찾아봐도 그 뜻풀이는 '형과 같음'이라고 되어 있다. 따라서 경기진행을 돕는 캐디를 '언니야'라고 부르는 건 캐디가 자신보다 나이가 많아야 성립된다. 그게 아니라면 '○○씨'라고 부르는 게 맞고, 반말은 절대 해서는 안 된다.

또한, 인품을 드러내는 행동 중에서 가장 눈살을 찌푸리게 하는 것은 바로 '노상방뇨'다. 경찰청 경범죄 처벌법 단속 현황에 따르면 노상방뇨 범칙금 부과 건수는 매년 7천여 건에서 9천여 건에 이른다고 하는데 골프장까지 포함하면 아마 세 배 이상은 될 것이다. 골퍼들이 골프장 사용을 대가로 지불하는 비용을 그린피(Green Fee, Greens Fee)라고 하는데 여기서의 'Fee'는 전문적인 서비스에 대한 수수료나 조직·기관 등에 내는 회비나 가입비를 말한다. 그런데 골퍼들이 노상방뇨를 하면 'Pee'가 '오줌을 누다'라는 뜻이므로 'Green Pee'다.

'Green Pee'는 관광객들의 노상방뇨로 골머리를 앓던 네덜란드가 암스테르담 거리 곳곳에 설치한 특별한 소변기를 일컫는 말이다. 우리말로 '녹색 소변' 혹은 '친환경 소변'이란 이름의 이 소변기는 위쪽 화분에 식물이 심어져 있어서 얼핏 보기엔 평범한 도로 화분 같지만, 아래쪽에 조준점이 있어서 소변기란 사실을 알려준다. 사람들이 여기에 본 소변이 변기 내부의 대마 섬유와 섞여 천연 비료가 만들어지는 일종의 '친환경 변기'다. 하지만 네덜란드가 아닌 대한민국의 골프장에는 'Green Pee'가 없다. 먹이를 찾아 산기슭을 헤매는 하이에나처럼 코스 곳곳의 친환경 소변기를 찾는 만행은 이제 그만하자.

두 번째는 골프 기술로서의 매너다. 골프는 심판 없이 가장 오래 진행되는 스포츠라고 한다. 모든 경기 규칙은 자기 자신과 동반자 스스로 지켜야 하며, 규칙 위반 시에는 그에 따른 벌타를 자진납세 한다. 따라서 골프 룰에 따라 플레이하는 것은 가장 기본적인 원칙이다. 그리고 골프는 기술 수준의 차이에도 불구하고 공정하게 경기할 수 있도록 핸디캡을 적용할 수 있는 운동이다. 비거리나 구력의 차이를 조정하여 즐길 수 있는 운동이기 때문에 고수도 하수도 정정당당하게 자신의 플레이에 집중하면 결과는 누구나 승복할 수 있다.

그런데 이 기술로서의 매너에서 동반자를 불편하게 하는 것은 바로 자포자기형 골퍼들이다. 보기플레이를 하는 골퍼는 18홀 라운드 중에 한두 번 OB(out of bounds)를 내는 것이 당연하다. 그린 주위 어프로치에서 뒤땅을 파며 5cm 샷을 하기도 하고 퍼팅그린에서 3퍼트를 하는 것도 흔히 하는 실수다. 한 번의 실수를 한 타의 손실로 신중하게 극복하는 골퍼와 한 번의 실수 이후에 평정심을 잃고 될 대로 되라 식의 플레이로 자멸하며 동반자를 불편하게 하는 골퍼 중에 누구에게 다음 라운드 초대장을 보낼지는 명약관화(明若觀火)다.

13. ESG경영과 ESG골프

ESG란 환경보호(Environment), 사회공헌(Social), 윤리경영(Governance)의 약자로, ESG경영이란 기업이 환경보호에 앞장서며, 사회적 약자에 대한 지원 등 사회공헌 활동을 하며, 법과 윤리를 철저히 준수하는 경영 활동을 말한다. ESG경영은 기업의 지속적 성장을 평가하는 비재무적 성과를 측정하는 방법으로 유럽연합이나 미국 등에서는 이미 기업을 평가하는 데 중요한 기준으로 자리 잡고 있다.

코로나 사태로 호황을 누리고 있는 골프장 업계도 ESG경영을 실천하여 골프장 코스 관리의 화학약품 사용을 최소화하여 친환경화하고, 좀 더 적극적으로 사회적 약자 및 지역사회에 공헌할 수 있는 방안을 마련하고, 탈법을 통한 탈세보다는 준법정신에 의한 윤리경영을 실천해야 한다. 천정부지(天井不知)로 솟구친 골프장 이용료를 대폭 낮추는 것이 최우선으로 실천해야 할 코로나 이후 시대를 대비하는 ESG경영이 될 것이다.

물론 ESG는 골퍼 개개인에게도 적용될 수 있다. 그것은 바로 규칙 준수(Etiquette), 플레이 속도(Speed), 그리고 동반자 배려(Generosity)다. 에티켓은 특히 특정 계층의 사람들이나 특정 직업에서 지켜야 할 정중한 행동을 규정하고 있는 관습과 규칙을 말하는데, 골프코스에서의 에티켓은 규칙 준수와 동반자 배려, 코스 관리 등이 주요 내용이다.

플레이 속도는 점점 더 중요해지고 있는 추세다. 2019 개정규칙의 중요 변화 내용이 모두 플레이 속도의 개선에 초점을 맞추고 있으며, 미국PGA에서 몇몇 대회에 거리측정기 사용을 시범적으로 시행해 보는 것도 이런 이유에서다. 메이저대회인 2021 PGA챔피언십에서는 2013년 마쓰야마 히데키(일본) 이후 8년 만에 늑장 플레이에 벌타가 부과됐다. 1라운드 10번 홀에서 시작한 존 캐틀린(미국)은 16번 홀(파5) 두 번째 샷에서 74초로 경고를 받고, 3번 홀(파4) 두 번째 샷 63초로 결국 1벌타를 받아 파를 했지만 보기로 적어내야 했다.

한국프로골프협회(KPGA)에서도 2021 KB금융 리브챔피언십 최종라운드 도중 김주형 선수에게 슬로 플레이 벌타를 부과했다. 김주형은 2라운드 13번 홀 그린에서 퍼팅에 1분 12초를 써 늑장 플레이로 배드타임 1회를 받았고, 최종라운드 14번 홀 퍼팅 그린에서 56초를 사용해 두 번째 배드타임으로 1벌타를 부과받고, 그 홀에서 기록한 파는 보기가 됐다.

동반자에 대한 배려는 규칙 준수나 플레이 속도도 관계가 있지만, 가장 중요한 것은 타구사고 방지를 위한 안전과 관련된 것이다. 최근에는 뒤에서 날아온 골프 볼에 맞아 부상을 입은 사고와 관련해 법원이 해당 캐디에게 안전의무를 소홀히 한 책임을 물어 벌금형을 선고했다. 플레이어들이 스스로 조심했다면 이런 일은 일어나지 않았을 것이다.

골프코스 다섯 개의 구역(티잉구역, 일반구역, 페널티구역, 벙커, 퍼팅그린)에 적용되는 24개조 99개항의 규칙 중 ESG의 중요성을 강조하고 있는 것은 바로 첫 장인 '규칙1'이다. 규칙 1은 플레이어가 지켜야 할 골프의 핵심 원칙에 관한 규칙이다.
- 코스는 있는 그대로, 볼은 놓인 그대로 플레이하여야 한다.
- 골프의 정신에 따라 규칙을 지키면서 플레이하여야 한다.
- 규칙을 위반한 경우, 플레이어는 스스로 페널티를 적용해야 하며 다른 플레이어들보다 잠재적인 이익을 얻어서는 안 된다.

모든 플레이어가 지켜야 하는 행동(1.2a)에서는 규칙을 따르고 모든 페널티를 적용하며 어떠한 상황에서도 정직하게 플레이해야 하고, 신속한 속도로 플레이하고 타인의 안전을 살피며 다른 플레이어의 플레이에 방해가 되지 않도록 해야 한다고 규정하고 있고, 페널티가 부과되는 규칙 위반을 알면서도 고의로 그 페널티를 적용하지 않은 경우, 플레이어는 실격이 된다.(1.3b)

ESG경영을 실천하는 기업은 아름다운 착한 기업이고, ESG를 실천하는 골퍼는 언제나 동반자로 초대하고 싶은 골퍼다. 통풍 때문에 고기를 멀리해야 하면서도 암 투병 후 골프와 등산으로 건강을 회복한 친구를 위해 라운드 후 갈비 맛집을 검색해서 찾아가는, 그리고 그런 친구의 마음을 알기에 좋아하는 맥주 대신 음료수를 마시는 형건, 지환 형처럼 말이다.

14. 같이 골프하기 싫은 사람은?

2019 개정 골프규칙 1.2b(행동 수칙)에서는 '위원회는 플레이어의 행동에 관한 기준을 행동 수칙으로 설정하여 그것을 로컬룰로 채택할 수 있다'고 규정하고 있으며, 위원회는 플레이어가 그 기준을 위반할 경우 1벌타 또는 2벌타와 같은 페널티를 부과한다는 내용을 행동 수칙에 포함시킬 수 있고, 플레이어가 매우 부당한 행동을 한 경우 그 플레이어를 실격시킬 수도 있다.

여기서 말하는 '매우 부당한 행동'(serious misconduct)이란 정직하지 못한 행동, 다른 플레이어의 권리를 고의적으로 방해하는 행동, 타인을 위험에 빠트리는 행동 등이다. 더 구체적으로 살펴보면 고의로 퍼팅그린을 심하게 손상시키는 행동, 티마커나 경계말뚝을 옮기는 행동, 갤러리나 다른 플레이어에게 클럽을 던지는 행동, 다른 플레이어의 스트로크를 고의로 방해하는 행동, 고의로 규칙에 따라 플레이하지 않는 행동, 욕설이나 공격적인 언어를 반복적으로 사용하는 행동 등이다.

회원 8만8천 명의 골프카페 '클럽 카메론'에서 '같이 공치기 싫은 동반자는?'이라는 질문에 대한 의견을 모아 순위를 매겨봤다. 의견을 주신 분들께 다시 한 번 감사드린다.

1위는 슬로우 플레이어다. 샷을 하는 루틴이 지나치게 길어 동반자들의 리듬을 끊어 버리고 앞 뒤 팀까지도 영향을 주는 골퍼가 가장 미움을 받는 골퍼였다.

2위는 부정직한 골퍼다. 죽은 공을 살리는 '알까기', 타수 속이기, 멀리건 남발 등을 포함하여 골프규칙을 무시하는 플레이어는 절대로 환영받을 수 없다.

3위는 레슨하는 골퍼다. 100타가 102타 레슨하는 것이 골프라지만 동반자가 원하지 않는 지적질은 오히려 동반자의 멘탈을 무너뜨리는 간섭, 속칭 '꾸찌'일 뿐이다.

4위는 매너 없는 골퍼다. 동반자 배려 없이 자기 플레이만 하면서 18홀 내내 불평불만으로 남 탓만 하고 큰 목소리로 다른 사람의 플레이를 방해하고 캐디에게 함부로 대하는, 아직 인격수양이 부족한 골퍼다.

불행하게도 한 사람이 1~4위의 내용을 종합적으로 하는 골퍼가 있다는 사실이다. 이런 골퍼는 동반자들에게 매우 길고 힘든 라운드를 보장해준다. 그런데, 동서양을 막론하고 인기가 없는 골퍼의 유형에는 공통점이 있나보다. 미국의 golfmonthly.com에서 소개하는 '7가지 유형의 짜증나는 파트너'는 다음과 같다.

페널티구역으로 볼이 날아가고 있는데도 드라이버샷 소리만 듣고 굿샷을 외치는, 샷을 하기도 전에 미리 칭찬하는 유형(The Early Praiser), 샷이 잘 안 되면 화를 내기 시작하는 유형(Mr. Angry), 동반자가 티샷 직전이든, 중요한 퍼트의 순간이든 전혀 신경 쓰지 않는 유형(Mr. Oblivious), 최악의 파트너로 빨리 제거하는 것이 좋은 부정직한 사기꾼 유형(The Cheater), 라운드 동안 다른 사람 코치하기에 바쁜 유형(The Amateur Coach), 너무 엄격하게 규칙을 적용하며 지나치게 따지는 유형(The Rules Guy), 마지막으로 달팽이처럼 느린 골퍼(The Snail)다.

미울수록 매 대신 떡을 준다는 말로, 미운 사람일수록 잘 해 주고 생각하는 체라도 하여 감정을 쌓지 않아야 한다는 뜻의 '미운 놈 떡 하나 더 준다'라는 우리 속담이 있지만, 골프 라운드 동안 위의 행동을 한 골퍼는 그냥 미운 놈이고, 떡은 그 놈 빼고 우리끼리만 먹는다.

Hole 4
par3

그늘집 이야기 1

15. Far & Sure
16. 세월이 빠를까, 볼이 빠를까?
17. 올림픽 메달과 골프대회 상금

15. Far & Sure

스코틀랜드 왕국의 수도이자 행정·문화의 중심지고, '북쪽의 아테네'라고도 불리며 2004년 유네스코가 선정한 문학의 도시인 에든버러(Edinburgh)에 있는 리스 링크스(Leith Links)에는 모든 골퍼들의 소망인 '멀리 그리고 정확히'를 의미하는 'Far and Sure'에 관한 이야기가 전해진다.

1681년에 리스 링크스에서는 스코틀랜드와 영국 간에 최초의 국제 골프 경기가 열렸다. 당시 국왕인 찰스 2세의 동생이자 그를 계승하여 1685년 스코틀랜드의 제임스 7세(잉글랜드의 제임스 2세)가 된 요크 공작(Duke of York)은 당시 홀리루드하우스 궁전에 거주하고 있었는데, 어느 날 두 영국 귀족은 골프가 영국 게임이라고 주장했고, 공작은 이에 동의하지 않았고 두 명이 한 팀으로 경기를 하는 포섬(Foursome)방식으로 시합을 해서 결정하기로 했다. 공작은 마을 사람들에게 최고의 골퍼를 찾아달라고 했고, 제화공이자 골프공을 만드는 존 패터슨이 그의 파트너가 되었다. 당연히 골프 선수였던 공작과 패터슨이 쉽게 이겼고 패터슨은 공작이 그에게 준 상금으로 캐논게이트 거리에 집을 샀고 그 집의 이름은 'Golfers Land'로 지었는데, 공작은 'Far and Sure'를 새겨 넣은 장식판을 달아주었다고 한다.

오늘날까지도 모든 골퍼들의 영원한 숙제인 세 단어로 된 이 짧은 명구(名句)를 만든 제임스 2세는 또 한 가지 사실로 골프 역사에 기록되고 있는데, 그것은 당시 요크 공작을 돕던 어린 소년이 바로 역사상 최초의 캐디로 기록된 앤드류 딕슨(Andrew Dickson)이다.
'멀리 그리고 정확히' 볼을 원하는 곳으로 칠 수 있다면 최고의 골퍼가 되겠지만, 현실은 그렇지 않다. 주말골퍼들뿐만 아니라 프로골퍼들에게도 이 화두는 풀리지 않는 숙제다. 프로골퍼들의 드라이버 비거리와 페어웨이 적중률, 그리고 순위를 비교해 보면 'Far & Sure'가 얼마나 어려운 것인지 알 수 있다. 프로시합에서 드라이버 평균비거리는 각 라운드에서 2홀을 선정하여 페어웨이든 아니든 상관없이 최종적으로 볼이 정지한 곳까지의 거리를 측정하는데 바람의 영향을 줄이기 위해 바람 반대 방향의 홀을 선택한다.

2021년 8월 기준 PGA, LPGA, KPGA, KLPGA 4개 투어 Top3의 기록을 비교해보자.

투어	이름	랭킹	드라이버 비거리 순위 (yard)		페어웨이적중률 순위 (yard)	
PGA	Bryson DeChambeau	6	1	(321.5)	191	(53.45)
	Rory McIlroy	13	2	(319)	177	(56,60)
	Cameron Champ	63	3	(318)	139	(58.42)
	Jon Rahm	1	20	(307.7)	67	(63.52)
	Brendon Todd	78	205	(273.9)	1	(75.36)
	Brian Stuard	198	202	(277.2)	2	(73.35)
	Ryan Armour	201	198	(280.9)	3	(73.11)
LPGA	Anne van Dam	60	1	(290.78)	167	(55.2)
	Bianca Pagdanganan	173	2	(285.02)	158	(60.1)
	김아림	46	3	(279.12)	164	(57.1)
	Nelly Korda	1	10	(273.78)	61	(73.4)
	Mo Martin	153	67	(237.13)	1	(87.3)
	Jackie Stoelting	135	161	(241.06)	2	(85.0)
	Dana Finkelstein	99	168	(236.36)	3	(84.1)
KPGA	Micah Lauren SHIN	74	1	(317.30)	61	(66.67)
	장승보	103	2	(314.54)	67	(66.36)
	김민준	69	3	(314.35)	80	(65.26)
	김주형	1	28	(294.02)	19	(67.86)
	주흥철	75	122	(263.31)	1	(82.74)
	김학형	110	124	(261.52)	2	(78.13)
	박준원	19	118	(268.99)	3	(75.94)
KLPGA	곽보미	32	1	(254.87)	90	(68.20)
	이승연	57	2	(254.37)	68	(72.06)
	김민선5	87	3	(253.98)	86	(69.60)
	박민지	1	24	(246.86)	6	(81.85)
	양호정	106	117	(221.58)	1	(86.77)
	김지수	39	103	(228.55)	2	(83.81)
	김현수	75	118	(221.12)	3	(83.80)

위 통계수치에서 확인할 수 있듯이 프로골퍼라도 '멀리 그리고 정확히' 치는 선수는 없다. 멀리 치거나 또는 정확히 치는 'Far or Sure'가 대부분이고, 두 부문의 편차가 적을수록 순위가 높고, 멀리 치는 장타자일수록 페어웨이를 놓칠 확률이 높다. KLPGA투어 상반기 11개 대회에서 6승을 거둔 박민지 선수는 드라이버 비거리 20위, 페어웨이 적중률 6위지만 그린적중률(Green In Regulation)이 1위(79.8%)고 버디율이 2위(23.5%)다.

그렇다면 주말골퍼들이 '멀리와 정확히' 중에서 한 가지를 선택해야 한다면 어느 것이어야 할까? 고민하지 말고 '정확히'를 선택해야 한다. 아까운 볼 멀리 보내고 멀리건 찾지 말고 홈런보다는 안타 잘 치는 골퍼가 되자. 우리말에 '언제나 한결같이 꼭 그렇게'라는 뜻을 가진 '또바기/또박'이라는 말이 있다. 힘 빼고 자기 분수에 맞게 또박또박 치다보면 '파하고 쉬어'갈 수 있지 않을까?

16. 세월이 빠를까, 골프 볼이 빠를까?

'세월이 쏜살같다'는 말은 시간이 쏜 화살만큼 빠르게 지나간다는 비유적 표현이다. 하지만 시간은 화살보다 훨씬 더 빠르다. 시간은 지구의 자전과 공전에 의해 계산되는데, 하루 24시간은 자전축을 중심으로 한 바퀴 도는 시간이고, 지구가 태양의 주위를 한 바퀴 도는 데 걸리는 시간이 1년 365일이다. 지구의 둘레와 공전궤도로 계산해보면 자전속도는 약 1666km/h, 공전속도는 약 108,000km/h다.

그렇다면 화살의 속도는 얼마나 될까? 일반적으로 양궁의 화살 속도는 230~240km/h로, 자전보다는 7배, 공전보다는 450배 느리다. 결론적으로 말해서 세월은 쏜살처럼 느리게 가는 것이 아니라 450배 빠르게 간다. 참고로 배드민턴 셔틀콕은 330km/h, 투수가 던진 야구공은 160km/h, 뉴욕 양키스 거포 지안카를로 스탠튼의 타구 속도는 197km/h로 최고 속도 타이 기록이다.

프로골퍼가 친 드라이버샷의 골프 볼 속도는 약 290km/h로 세월보다는 느리지만 쏜 화살보다는 빠르다. 그래서 골프 볼이 화살보다 더 무서운 무기가 될 수 있으니 타구 사고를 조심해야한다. 골프규칙 4.2a(라운드 플레이에 허용되는 볼)에 의하면 스트로크를 할 때마다 플레이어는 반드시 「장비 규칙」의 요건에 적합한 볼을 사용해야 하며, 플레이어는 그 코스에서 플레이하는 다른 플레이어를 포함한 어느 누구에게서든 적합한 볼을 얻을 수 있다. 플레이어는 긁어서 흠을 내거나 가열하거나 어떤 물질(세척용 물질은 제외)을 바른 볼처럼 그 성능을 고의로 변화시킨 볼에 스트로크를 하면 실격이다.

스트로크 후 볼이 조각난 경우, 페널티는 없으며 플레이어는 반드시 그 스트로크를 했던 곳에서 다른 볼을 플레이해야 한다.(4.2b) 규칙 4.2b를 위반하여 잘못된 장소에서 플레이하면 2벌타다. 플레이하는 동안 볼이 갈라지거나 금이 간 경우 확인하기 위하여 그 볼의 지점을 마크하고 집어 올릴 수 있지만 볼을 닦아서는 안 된다.(4.2c) 집어 올리기 전에 마크하지 않았거나 볼 닦기가 허용되지 않는데 닦은 경우, 플레이어는 1벌타를 받는다. 원래의 볼이 갈라지거나 금이 간 경우, 플레이어는 반드시 다른 볼이나 원래의 볼을 원래의 지점에 리플레이스하여야 한다. 규칙 4.2c를 위반하여 잘못 교체한 볼을 플레이하거나 잘못된 장소에서 플레이하면 2벌타다.

이전에는 '공인 / 비공인'이라고 했지만 2019 개정규칙 이후 '적합 / 부적합'이란 용어를 사용한다. 「장비 규칙」(Equipment Rules) '4장. 적합한 볼(CONFORMANCE OF BALLS)'에서는 장비 규정의 목적과 의도에 따라 전통적이고 관습적인 형태로 만들어진 볼을 적합한 볼(conforming ball)로 인정하고 있으며, 인증을 받으려면 각 제조사에서 제품마다 24개의 샘플을 USGA 또는 R&A에 보내 규격화된 테스트를 통과해야 한다.

대체로 직경, 무게, 크기, 좌우대칭, 초속, 거리 등의 조건을 기준으로 평가하는데, 직경 0.9인치(22.9mm) 이하의 단일 동심 코어를 가질 수 있고, 무게는 1.620온스(45.93g)보다 커서는 안 되고, 볼의 직경은 1.680인치(42.67mm)보다 작아서는 안 된다. 최대 크기에 대한 제한은 없다. 볼은 좌우대칭으로 구 모양으로 제작되어야 하며, 볼의 초기 속도는 임팩트 이후 골프공의 속도가 초속 250피트(약 274km/h)를 넘지 않아야 하고, 비거리는 Golf Labs Robot-2002 Model이라는 기계를 사용해서 120마일(193km)의 헤드 스피드로 320yard(296.2m) 이상의 거리가 안 나와야 한다.

적합한 볼의 입증 책임은 그 볼이 적합한 볼이 아니라는 의혹을 제기한 사람에게 있으며, 이전의 적합한 골프 볼 목록에 있던 볼은 계속 적합한 볼로 추정하며, 제조사가 불량품으로 처리하여 상표명을 빼고 생산한 'X-아웃'과 중고 볼을 깨끗이 닦은 '재활용 볼'은 장비규칙에 적합하지 않다는 결정적인 증거가 없는 한, 그 볼을 사용할 수 있다. 플레이어가 부적합 볼을 플레이했더라도 그 볼이 인플레이 볼이 되지 않거나 스트로크가 취소되어 플레이어의 스코어로 유효하지 않으면 실격이 되지 않는다.

주말골퍼들은 하라는 대로 하지 않고 치라는 대로 치지도 않는다. 머리를 고정하라고 하면 움직이고, 일어나지 말라고 하면 일어나고, 힘을 빼라고 하면 힘을 준다. 모두 거꾸로 한다. '공'자를 거꾸로 하면 '운'자가 된다. 그래서 주말골퍼들은 '운'이 좋아야 '공'이 맞는다. 운이 없는 날은? 그 날은 공만 찾으러 다니는 것이다.

17. 올림픽 메달과 골프대회 상금

2020 도쿄올림픽 골프 남자부에서는 미국대표 젠더 셔플리(Xander Schauffele)가 18언더파로 금메달을 차지했다. 1타차 리드로 18번 홀(파4)에 들어서서 파만 해도 금메달을 차지할 수 있었는데 티샷이 코스 오른쪽 러프에 떨어지면서 위기를 맞이했다. 하지만 두 번째 샷을 레이업하고 세 번째 샷으로 홀 가까이 볼을 붙여 파세이브를 하며 금메달의 주인공이 되었다. 그의 유일한 스윙코치인 아버지의 꿈을 이루었다는 감동적인 이야기도 전해진다.

여자부에서는 세계여자골프랭킹 1위인 미국의 넬리 코다(Nelly Korda)가 17언더파로 금메달을 차지했다. 17번 홀(파4)에서 버디를 추가한 일본의 이나미 모네(은메달)와 막판 공동 선두가 됐지만, 18번 홀(파4) 두 번째 샷이 그린 사이드 벙커에 빠진 후 보기를 기록했고, 넬리 코다는 어프로치 샷을 핀 옆 8.4m에 떨어뜨려 가볍게 2퍼트 파로 마무리하며 금메달리스트가 되었다.

남자는 2021년 6월 21일, 여자는 6월 28일 세계 랭킹 기준으로 올림픽 출전 자격이 정해졌고 국가 당 2명이 출전할 수 있었다. 하지만 15위 이내에 4명 이상의 선수가 있는 국가에서는 최대 4명까지 출전할 수 있는데, 도쿄올림픽에 선수를 4명씩 내보낸 국가는 한국 여자대표팀과 미국 남녀대표팀뿐이었다.

그런데, 세계랭킹에 들면서도 올림픽에 불참한 선수들이 있다. 코로나 바이러스 감염 때문에 어쩔 수 없이 출전을 포기한 세계랭킹 1위 존 람(스페인)과 6위 브라이슨 디섐보(미국)는 안타까운 경우지만 2위 더스틴 존슨(미국)과 12위 루이 우스트히즌(남아프리카공화국)은 PGA 투어에 집중하기 위해 올림픽에 나가지 않았다.

그 외에 세계랭킹 11위 티럴 해턴(잉글랜드)은 코로나19 감염 우려로, 21위 매슈 피츠패트릭(잉글랜드)과 27위 리 웨스트우드(잉글랜드)도 투어 활동에 집중하기 위해 올림픽 불참 의사를 밝혔고, 48위 세르히오 가르시아(스페인)는 존 람과 함께 스페인 국가대표로 출전할 수 있었지만 미국과 유럽의 남자골프 대항전인 라이더컵 유럽 팀에 들어가기 위해 도쿄올림픽을 포기한다고 밝혔다. 더구나 호주의 골프 스타 애덤 스콧(세계랭킹 41위)은 어린 세 자녀와 시간을 보내기 위해 도쿄올림픽 출전을 거부했다.

도쿄올림픽 금메달의 가치는 따질 수 없을 정도로 귀중하겠지만 556그램 금메달의 실질적인 가격은 $810(약 94만 원) 밖에 되지 않는다. 올림픽 기록에 의하면 1904년 세인트루이스와 1908년 런던 올림픽 때만 순수하게 금만으로 메달을 만들었고, 그 이후에는 6g만이 금 도금이고 나머지는 순은으로 구성되어 있다. 즉, 메달의 약 1%만이 실제 이름의 재료로 구성되어 있다는 것이다. 물론 미국의 경우 메달 리스트들은 올림픽위원회로부터 금메달은 $37,500(약4,300만원), 은메달은 $22,500(약 2,600만 원), 동메달은 $15,000(약 1,700만 원)를 포상금으로 지급받는다.

우리나라 선수들은 지난 2016 리우 하계올림픽·패럴림픽 대회의 경우에는 문화체육관광부에서 개인전에 출전한 선수는 금메달 6천3백만 원, 은메달 3천5백만 원, 동메달 2천5백만 원, 감독은 금메달 8천만 원, 은메달 4천5백만 원, 동메달 3천만 원, 메달을 획득하지 못한 선수와 지도자에게도 포상금 3백만 원을 지급했다. 단체의 경우 개인 포상금의 75%를 받는다.

또한 국민체육진흥공단으로부터 올림픽 메달에 따른 연금을 받는데 연금점수는 하계, 동계 올림픽 상관없이 각각 금메달 90점, 은메달 70점, 동메달 40점으로, 금메달 수상자는 메달 1개 기준으로 매달 100만 원, 은메달 75만 원, 동메달 52만 5천 원의 연금을 받는다. 만일 연금점수 상한(110점)을 초과하게 되면 일시금으로 10점당 150만 원을 받게 되며 만일 연금을 받지 않고 일시불로 받는 것을 선택한다면 금메달의 경우 6,720만 원을 받게 된다. 체육연금 및 포상금은 전액 비과세다. 또한 남자 선수의 경우 올림픽에서는 메달 색깔 상관없이 예술체육요원의 자격이 주어져 군면제 혜택이 있다. 이는 아시안 게임 금메달과 함께 둘뿐인 예술체육요원 조건이다.

그렇다면 프로골퍼들이 올림픽 출전을 포기하면서 선택하는 투어의 상금 규모는 얼마나 될까? 2018-2019 PGA 46개 대회 총상금이 약 4,614억, 유러피언 투어 49개 약 2,725억, LPGA 31개 793억, KLPGA 29개 229억, KPGA 17개 148억 원 규모였다. 페덱스컵 포인트 랭킹 상위 30명만 출전할 수 있고 상금이 가장 많은 제5의 메이저 대회로 불리는 '2021 PGA 투어 챔피언십'에서는 패트릭 캔틀레이(미국)가 1위를 해서 보너스 1500만 달러(약 174억8850만 원)의 주인공이 됐다. 꼴찌인 호아킨 니만(칠레)도 40만5000달러(약 4억6897만 원)나 받았다.

니만은 30명이 출전한 이 대회에서 브룩스 켑카(미국)가 3라운드 12번 홀 이후 손목 부상으로 기권하면서 4라운드에서 동반자 없이 홀로 플레이를 하여 1시간 53분만에 18홀을 돌았다. 선두와 20타 이상 차이가 나자 니만은 정규투어 18홀 라운드 최단 시간 기록을 위해 캐디와 함께 페어웨이를 질주했다. 2016년 이 대회 때 케빈 나(미국)의 기록을 6분이나 단축했지만 PGA투어 18홀 최단 시간 라운드 기록은 2017년 BMW 챔피언십 4라운드 때 웨슬리 브라이언(미국)이 세운 1시간 28분이다.

메이저 대회나 메인 스폰서에 따라 다른 경우도 있지만 대부분 PGA

투어 상금 표준분배방식은 1등이 총상금의 18%, 2위 10.8%, 3위 6.8%, 60위 0.22%, 70위 0.2% 등으로 본선진출자들에게 차등지급하고, 우리나라 남녀프로골프대회는 우승자는 20%, 2위 10%, 3위 6%, 50위 0.44%, 60위는 0.4%를 받는다. 세금은 국내 대회가 상금의 10%인 것에 비해 일본 약 20%, 미국은 주마다 차이가 있지만 평균 30~35%다.

프로골퍼들의 올림픽 출전여부는 개인의 선택이기에 그 결정을 존중하면서도 자본주의 시대 돈 잔치 스포츠 중의 하나인 PGA투어의 본모습을 보는 것 같아 기분이 개운치는 않다. 다양한 올림픽 출전 포기 이유를 보며 대한민국에서라면 이런 일이 가능했을까 잠시 생각해보았다. 병역의무 면제라는 특권을 제시하며 올림픽 메달 획득을 독려하는 우리나라에서 개인적인 투어 전념이나 가정사를 이유로 올림픽 출전을 거부한다면 TV 메인뉴스나 주요 일간지 헤드라인을 장식하지 않았을까? 그걸로 끝나면 다행이지만 머리가 길면 길어서, 짧으면 짧아서, 없으면 없다는 이유로 여론의 뭇매를 맞지 않았을까? 그럴 땐 가발을 썼다 벗었다 할까?

Hole 5
par4

아는 것이 힘

18. 박민지 프로의 5오버파
19. 왜 3번 우드로 퍼팅을 했을까?
20. 겨울골프 즐기는 법
21. US여자오픈과 윈터룰(Winter Rules)

18. 박민지 프로의 5오버파

2021년 8월 한국여자프로골프(KLPGA) 투어 대유위니아 MBN여자오픈 1라운드 6번 홀(파5)에서 올해 11개 대회에서 6승을 거두고 동대회 3연패를 노리던 박민지 선수에게 한 홀 5오버파인 '퀸튜플 보기'(Quintuple Bogey)라는 참사가 일어났다.

오지현, 박현경 선수와 한 조로 플레이 중이던 박민지 프로가 티샷 한 볼이 페어웨이 내리막 경사면에 멈췄다. 박프로는 우드를 들고 두 번째 샷을 했는데 왼쪽 숲으로 떨어졌다. 아웃오브바운즈 구역에 들어간 것으로 판단하고 그 자리에서 무릎 높이로 드롭을 해서 볼을 하나 더 쳤다. 그린 왼쪽 앞에 떨어진 볼을 치려는데 캐디가 원래의 볼을 숲 경계 지점에서 발견했고 박프로는 그 볼로 어프로치를 해서 그린에 올렸고 두 번째 친 볼은 집어 들었다. 그린으로 이동하면서 동반자였던 오지현 프로가 프로비저널볼(Provisional Ball. 예전엔 잠정구라고 했음)을 치겠다고 말을 안 했으니 경기위원을 불러 정확한 판단을 구하라고 조언했고, 경기위원이 도착한 후 원래의 볼은 분실구 처리하고 세 번째 친 볼로 플레이를 다시 해서 2퍼트로 홀을 마무리 했다.

화불단행(禍不單行)이라고 이 최악의 사건은 여러 가지 실수가 복합적으로 작용했다. 먼저, 박민지 프로는 프로비저널볼을 치기 전에 동반 경기자에게 의사를 표시하지 않았다. 골프규칙에 의하면 볼이 페널티구역 밖에서 분실되었거나 아웃오브바운즈로 갔을 수도 있는 경우, 시간을 절약하기 위하여 플레이어는 스트로크와 거리의 페널티를 받고 잠정적으로 다른 볼을 플레이할 수 있다.(18.3a) 하지만 플레이어는 반드시 그 스트로크를 하기 전에 프로비저널볼을 플레이하겠다는 의사를 분명하게 나타내야 한다.(18.3b) 그 방법은 '프로비저널볼을 플레이하겠다, 규칙18.3에 따라 볼을 플레이하겠다, 만약의 경우를 생각해서 볼을 하나 더 플레이하겠다'가 있다. 단지 '다시 볼을 플레이하겠다, 볼을 하나 더 치겠다'라고 하는 것은 프로비저널볼을 플레이하겠다는 플레이어의 의도를 분명히 나타내지 못하기 때문에 안 된다.

프로비저널볼 선언은 반드시 자신의 주변에 있는 사람들이 들을 수 있도록 해야 하는데, 만일 자신의 볼을 찾다가 티잉구역으로 돌아가서 주변에 아무도 없다면 알린 것으로 간주한다. 플레이어가 프로비저널볼을 플레이할 의도가 있었다 하더라도 이와 같이 선언하지 않고 직전의 스트로크를 한 곳에서 볼을 플레이한 경우, 그 볼은 프로비저널볼이 아니라 1벌타를 받고 스트로크와 거리의 페널티를 받은 인플레이볼이다. 그런 경우 원래의 볼은 더 이상 인플레이볼이 아니므로 플레이어는 그 볼을 플레이해서는 안 된다. 만일 그 볼을 치면 잘못된 볼에 스트로크를 했기 때문에 일반페널티(2벌타)를 받고, 반드시 원래의 지점에서 올바른 볼을 플레이하거나 규칙에 따른 구제를 받음으로써 그 잘못을 바로잡아야 한다.

플레이어가 프로비저널볼로 플레이를 계속하기 위해 원래의 볼을 찾지 말라고 동반자에게 요청할 수 있지만 그 말을 따를 의무는 없기 때문에, 상대방이나 다른 플레이어는 플레이를 부당하게 지연시키지 않는 한 계속 찾을 수 있다.

박민지 프로는 세컨샷을 한 번 더 쳤으니까 1벌타, 그리고 프로비저널볼 선언을 하지 않았기 때문에 원래의 볼은 분실구인데 캐디가 찾은 그 볼을 쳐서 잘못된 볼 플레이로 2벌타, 세컨샷 지점에서 두 번째 친 그린 앞쪽에 있던 볼을 고의로 집어 올려(14.1a) 1벌타를 받아 그 홀에서만 총 4벌타를 받고 2퍼트를 해서 5오버파를 기록했던 것이다.

만일 캐디가 박민지 프로에게 볼을 건네주면서 프로비저널볼을 선언하라고 알려주었거나, 세컨샷 지점에서 친 첫 번째 볼을 찾지 않았더라면 1벌타로 끝날 수 있었을 텐데 하는 아쉬움이 있다. 하지만 캐디를 탓하는 것은 어리석은 일이다. 규칙 10.3c에도 캐디의 행동과 규칙 위반에 대한 책임은 플레이어에게 있다고 명시하고 있다.

박민지 선수는 1라운드 후 인스타그램에 "5개 오버가 퀸튜플 보기인 것을 12년 만에 처음 알았다"며 자신의 실수를 반성했고, 팬들이 동반자였던 오지현 선수를 비난하자 2라운드 경기 전에 다시 글을 올려서 "언니는 저를 도와주려다가 오해받는 일이 생겼다"라고 하면서 '프로비저널볼이라고 외치지 않은 명백한 제 잘못'이라고 했다.

전문가(專門家)는 '어떤 분야를 연구하거나 그 일에 종사하여 그 분야에 상당한 지식과 경험을 가진 사람'을 말하며 영어로는 'expert, specialist, professional'이라고 한다. 스포츠 분야의 전문가들 중에서 선수 이름 뒤에 '프로'라는 타이틀을 붙여주는 종목이 골프 이외에 무엇이 있는지 생각해보라. 김연경 프로, 손흥민 프로, 안산 프로? 진정한 골프 프로로 인정받으려면 단지 볼만 언더파를 치는 것으로는 부족하다. 골프규칙은 물론이고 코스의 구성, 잔디, 골프장 운영 등 골프 분야에 '상당한 지식과 경험을 가진 사람'이 되어야 한다. 그래야 존경받는 프로님이 될 수 있다.

19. 왜 3번 우드로 퍼팅을 했을까?

미국 조지아 주 오거스타 내셔널 골프장에서 열린 제85회 2021 마스터스 토너먼트에서 일본 골퍼 마쓰야마 히데키가 아시아인 최초로 그린재킷의 주인공이 되었다. 이번 대회에 참가한 한국 골퍼는 두 명이다. 그 중에서 2020 마스터스 준우승을 했던 임성재 선수는 2라운드 후 예선 탈락했고, 최종 2언더파 공동 12위를 한 김시우 선수는 2라운드 15번 홀부터 퍼터가 아니라 우드로 퍼팅을 해서 화제가 되었다.

김시우는 2라운드 후 언론 인터뷰에서 "14번 홀, 15번 칩샷에 대한 불만(frustration) 때문에 그랬다. 일부러 그런 건 아닌데 부러지고 말았다."고 말했다. 그는 2라운드 오거스타 내셔널의 아멘코너(Amen Corner; 파4 11번, 파3 12번, 파5 13번 홀) 11번과 12번 홀에서는 6m 정도의 버디 퍼트를 놓쳤고, 13번 홀에서는 2온을 했지만 약 3.3m 이글 퍼트가 빗나갔다. 그런데다가 14번 홀(파4)에서는 1.5m 짧은 파 퍼트가 홀을 돌아 나왔고, 1라운드 때 칩샷 실수로 보기를 했던 파5

15번 홀에서 세컨드 샷이 그린을 넘어가 1라운드 때와 비슷한 상황을 맞았다. 신중하게 한 칩샷이 많이 굴러 그린을 넘어가 멈추었고, 버디 퍼트 순서를 기다리던 김시우는 들고 있던 퍼터를 수직으로 잔디에 찍었는데 이 때 퍼터가 손상되어, 3번 우드로 2퍼트하여 파를 하고 컵에서 꺼낸 볼은 물 쪽으로 던져 버렸다. 그 홀부터 18홀 까지 4개 홀을 모두 3번 우드로 퍼팅을 하면서도 파세이브를 하며 4언더파로 라운드를 마쳤지만 16번과 18번 홀의 4m 정도의 버디 퍼트는 퍼터가 있었다면 스코어가 달라질 수도 있었다.

라운드 후 김시우는 샌드웨지로는 마스터스처럼 빠른 그린에서 볼의 스핀 컨트롤이 더 어렵기 때문에 우드로 퍼팅을 했다고 말했지만, 일반 골퍼들은 왜 퍼터를 교체하지 않고 3번 우드로 퍼팅을 했는지 궁금해 했을 것이다. 골프규칙 4.1a에서는 스트로크를 할 때 플레이어는 반드시 「장비 규칙」의 요건에 적합한 클럽을 사용하여야 한다고 규정하고 있다. 부적합클럽이나 라운드 동안 성능이 변화된 클럽을 가지고 있는 것은 가능하지만 클럽 개수 14개 한도에 해당되고, 부적합 클럽으로 스트로크를 한 것에 대한 페널티는 실격이다.

문제는 김시우 프로의 경우처럼 클럽이 라운드 동안 손상되었을 때다. 먼저, '라운드 동안의 손상'이란 스트로크나 연습스윙을 하다가, 골프백에 넣거나 꺼내다가, 떨어뜨리거나 던지거나 함부로 다루다가, 또는 클럽에 기대다가 클럽이 손상된 경우와 다른 사람이나 외부의 영향 또는 자연의 힘에 의해 손상된 경우를 말한다. 플레이어가 그 성능을 고의로 변화시킨 클럽은 '라운드 동안 손상된' 클럽이 아니어서 규칙 4.1a(3)에 따라 사용해서는 안 되며 이를 어기면 실격이다. 김시우 프로의 퍼터 손상은 '물리적으로 클럽을 변화시킨' 4.1a(3)에 해당된다. 그래서 김시우 프로는 어쩔 수 없이 3번 우드로 퍼팅을 해야 했던 것이다.

라운드 동안 손상된 클럽은 '사용, 수리, 교체' 3가지로 나누어 살펴봐야 한다. 첫째, 4.1a(2)에 따라 손상된 클럽은 손상의 내용이나 원인과 관계없이 라운드의 남은 부분을 플레이하는 동안 적합한 클럽으로 간주되어 계속 사용할 수 있다. 둘째, 원래의 그립과 샤프트와 클럽헤드를 그대로 사용하면서, 손상되기 전의 상태와 가능한 한 가장 가까운 상태가 되도록 수리할 수 있다. 셋째, 플레이어의 클럽이 외부의 영향, 자연의 힘이나 다른 누군가(플레이어와 플레이어의 캐디는 제외)에 의하여 손상된 경우 플레이어는 규칙 4.1b(4)에 따라 그 손상된 클럽을 다른 클럽으로 교체할 수 있다. 4.1b의 위반에 대한 페널티는 매치플레이에서는 라운드 당 최대 두 홀 차감, 스트로크플레이에서는 2벌타, 최대 4벌타다.

하지만, 이 규칙에 의하면 정상적인 플레이 도중에 플레이어에 의해 손상된 클럽은 교체할 수 없기 때문에 USGA는 2019년 4월 9일 '로컬룰 모델 G-9'으로 정상적인 플레이 도중에 샤프트가 쪼개지거나 구부러진 경우, 클럽페이스나 헤드의 변형이 시각적으로 확인된 경우, 헤드와 샤프트가 분리되거나 그럴 위험이 있는 경우, 그립이 느슨

해진 경우에는 클럽을 교체할 수 있다는 수정내용을 포함시켰다.

화(火, 분노)는 모든 사람의 마음속에 있다. 그 화를 다스리는 법을 알아야 자신의 뜻을 이룰 수 있다. 하지만 그 화(火)가 도를 넘으면 화(禍, 재앙)가 되어 돌아온다. 'anger'(화)에 'D'가 더해지면 'Danger'(위험)가 되듯이 말이다. 비틀린 퍼터 대신 우드로 퍼팅하는 모습을 보며 '이가 없으면 잇몸으로 산다'는 옛말이 떠올랐지만 이 대신 잇몸으로 사는 삶이 오죽하겠는가?

20. 겨울골프 즐기는 법

코로나 재 확산의 위험 속에서도 2020년 겨울 국내 골프 수요가 늘어나면서 대중 골프장뿐 아니라 69개 회원제 골프장도 겨울에 문을 닫지 않고 영업을 했다. 그렇다면 코스 상황이 다른 겨울철에는 어떻게 골프를 해야 할까?

1) 타이거 파(Tiger Par)로 핸디캡에 보너스를 줘라

2020년 12월 PNC 챔피언십에 1960년 흑인 최초로 PGA 투어 멤버가 된 찰리 시포드의 이름을 딴 11세 아들 찰리 액셀(Charlie Axel)과 함께 출전해 화제가 된 타이거 우즈는 CBS의 '타이거 이야기(Tiger Tales)'라는 방송에서 "내 경력 내내 코치가 있었지만, 아버지는 내가 퍼팅에 대해 가진 최고의 선생님이셨고 아마 앞으로도 그럴 겁니다"라고 했다. 타이거 우즈의 아버지 얼 우즈(Earl Woods)는 파5를 파4 혹은 파3로 어떤 홀의 정해진 기본 타수(par)와 상관없이 아들을 훈

런시켰는데 '타이거 파'라는 말이 거기에서 유래된 것이다. 아들에게 자신감과 도전의식을 불어 넣고 코스공략의 두려움을 없애기 위한 방법이었다고 한다.

한국의 겨울 날씨는 낮 최고 기온이 10도 이하인 경우가 많아 페어웨이뿐만 아니라 그린이 얼어 있는 경우가 많아 자신의 핸디캡보다 좋은 스코어를 낸다는 것은 거의 불가능하다. 따라서 기본적으로 골퍼들이 겨울철 라운드의 파가 봄, 여름, 가을과 같은 파라는 생각을 버리고 겨울철 코스의 조건을 보완하기 위해 파에 스트로크를 추가해야 한다.

2) 따뜻함에 집중하라

제일 먼저 체온 유지를 위해 두꺼운 옷보다는 얇지만 보온력이 뛰어난 기능성 속옷을 입고, 손과 발을 위한 장갑과 양말도 챙겨야 한다. 샷을 하지 않을 때 낄 수 있는 겨울장갑과 9홀 끝나고 갈아 신을 수 있는 여분의 양말이 있으면 도움이 된다. 귀가 시릴 정도의 날씨라면 넥워머와 털모자도 필요하다. 코어와 말초 체온을 낮추기 때문에 술은 절대로 마시면 안 된다. 그 대신 신경계를 자극하는 커피, 녹차, 코코넛 밀크나 단백질쉐이크 등의 음식이나 음료를 섭취하여 신진 대사를 늘리거나 체온을 높이고 라운드 내내 에너지 수준을 유지하게 해야 한다.

또한, 라운드 전에 워밍업(warming-up)으로 우리 몸의 혈액순환을 활발하게 해줌으로써 산소공급과 혈액공급을 원활하게 해주고, 근육의 협응 능력과 반응시간을 증가시켜서 부상의 위험성을 줄여주고 심장에 무리가 가는 것을 사전에 방지해 줄 수 있다. 세계적으로 유명한 일본의 심장혈관외과 의사 아마노 아츠 교수는 "라운드중 가장 돌연사 위험이 높을 때는 1번 홀 드라이버 티샷과 1.5미터 내외 퍼팅"이라고 말한다. 골프장에서 발생한 돌연사 보고를 보면 약 75%가 그린에서 퍼팅할 때이고, 약 15%는 드라이버 티샷을 할 때라고 한다. 퍼터는 반드시 넣어야 된다는 긴장감과 심리적 압박감 때문에 평소와는 호흡이 바뀌어 혈압도 단번에 올라간다. 또한, 워밍업도 없이 갑자기 드라이버 풀 스윙을 하면 심박수가 급격히 상승하고 심장 혈관을 수축시켜 발작을 초래할 수 있다. 특히 겨울에는 낮은 기온에 의해 혈압이 급격히 상승하는 경우가 많아 주의가 필요하다.

볼을 따뜻하게 유지하는 것도 비거리에 도움이 된다. 일반적으로 온도가 10도 떨어지면 볼의 거리가 2~2.5야드 더 짧아진다. 가장 쉬운 방법은 퍼팅그린에서 홀아웃한 후 다음 홀 티샷 전까지 볼을 주머니에 보관하는 것이다. 프로들 간의 정식 시합이 아니라면 핫팩이 들어있는 주머니에 볼을 같이 넣어두면 최상이다. 공식규칙에서는 핫팩으로 볼을 데우면 첫 번째는 2벌타, 두 번째는 실격이다.

3) 겨울골프에 맞는 샷을 하라

많은 클럽 피팅 전문가들은 조정 가능하다면 드라이버 로프트를 위로 올리거나 무게 추를 뒤로 밀어서 발사 속도를 높이고, 조절할 수 없는 경우에는 티를 조금 더 높게 꼽거나 상향 타격스윙으로 비거리를 늘리라고 조언한다. 또한 퍼팅그린 근처에서의 어프로치는 무조건 볼을 굴려야 한다고 한다. 잔디가 죽어있거나 지면이 얼어 있어 클럽이 지면에 파고 들어가는 피치샷(pitch shot)처럼 띄우는 샷을 구사하기가 어렵기 때문에 겨울철 골프요령에서 강조하는 것이 샌드웨지 대신 52도, 피칭웨지 또는 9번 아이언을 사용해서 굴리는 어프로치다. 겨울철 그린 주변은 모든 샷이 트러블 샷이다.

겨울철 코스에 가장 적합한 볼은 노란색 볼이다. 얼마 전까지 만해도 노란색 볼을 생산하지 않았던 Titleist, Srixon, Bridgestone에서도 프리미엄 모델 중 일부를 노란색으로 제공하고 있다. 일부 남성골퍼는 노란색뿐만 아니라 색깔 볼은 여성들이나 쓰는 볼이라며 멀리하는 경향이 있지만, 스릭슨 골프 매니저 딘 크랙넬(Dean Cracknell)에 의하면 플레이어가 볼을 얼마나 쉽게 볼 수 있는지 확인하기 위해 광범위한 가시성 테스트를 했는데, 225야드에서 노란색 골프 볼은 흰색보다 두 배 더 쉽게 볼 수 있었다고 한다.

마지막으로, 겨울골프를 위한 로컬룰을 활용하여 무벌타 구제를 받게 해야 한다. 마크한 후 볼을 닦아서 내려놓는 프리퍼드라이(preferred lie), 박힌 볼을 구제하는 임베디드볼(embedded ball), 눈에 묻힌 볼을 구제하는 일시적으로 고인 물(temporary water)등의 로컬룰을 이용하거나 주말골퍼들은 모든 샷을 하기 전에 볼을 닦아서 놓을 수 있게 하는 방법도 있다.

겨울은 봄을 기다리는 기간이다. 이 겨울을 어떻게 보내느냐에 따라 내년 봄 자신의 핸디캡이 달라 질 수 있다. 추운 날에도 스크린 또는 실내 연습장을 이용한 꾸준한 연습만이 백돌이 탈출을 약속한다. 녹슨 기찻길에 어찌 철마가 달리겠는가?

21. US여자오픈과 윈터룰(Winter Rules)

마지막 라운드가 폭우와 천둥 번개로 인해 하루 미뤄져서 5일간 경기가 치러졌던 제75회 2020 US여자오픈에서 첫 출전한 세계랭킹 94위 국내파 김아림 선수가 3언더파 281타로 우승했고, 세계 1위 고진영 선수는 공동 2위를 했다. 경기는 텍사스주 휴스턴 챔피언스 골프클럽의 기상악화로 멈춤과 재개를 반복했고 2라운드부터는 코스가 젖어 선수들이 진흙 때문에 고생했다. 중계를 보던 많은 시청자들은 왜 볼에 묻은 진흙을 닦지 않고 샷을 하는지 궁금했을 것이다.

골프에는 윈터룰(Winter Rules)이라고 해서 겨울철에 골프코스의 그라운드 상태가 얼었다가 녹아서 질퍽거리거나 진흙투성이일 때 볼의 위치를 원래의 라이에서 일정한 거리 이내까지 옮길 수 있게 허락하는 로컬룰 모델 E-3이 있다. 보통 프러퍼드라이(Preferred Lie) 또는 '리프트, 클린 앤 플레이스 룰(Lift, Clean and Place Rules)'이라고도 한다.

하지만, USGA는 '볼은 있는 그대로 쳐야 한다(play it as it lies)'는 원칙을 고수하며 단 한 번도 US오픈에 로컬룰 E-3을 적용하지 않았다. USGA는 "US오픈이 모두 완벽한 페어웨이에서 경기한 것은 아니다. 불공정한 것 같은 상황을 이겨내는 것이 US오픈의 매력이기도 하다"고 밝혔다. 2018 US여자오픈 때에도 비슷한 상황이었지만 E-3을 적용하지 않았고, 그 당시 박인비는 "US오픈 전에는 항상 진흙 묻은 볼을 치는 연습을 한다"고 말했었다. 미국 PGA는 수십 년의 전통을 깨뜨리고 2016 PGA챔피언십 마지막 라운드에서 너무 많이 내린 비 때문에 프리퍼드라이를 적용했는데, 이것은 역사상 처음으로 메이저 선수권에서 프리퍼드라이 로컬룰이 사용된 것이었다.

프리퍼드라이(preferred lie)는 폭설, 해빙기, 장마, 폭염 등 좋지 않은 기상상태 때문에 코스가 손상되거나 잔디를 깎는 무거운 장비를 사용할 수 없는 경우에 플레이어들이 공정한 플레이를 할 수 있도록 하고, 페어웨이를 보호하기 위하여 채택하는 로컬룰이다. 골퍼가 샷 한 볼이 페어웨이에 있을 때 벌타 없이 집어서 홀에 더 가깝지 않은 어느 방향이든지 더 좋은 자리에 볼을 옮겨 놓고 플레이할 수 있게 하는 로컬룰이다. 하지만, 러프나 퍼팅그린에서는 적용되지 않는다.

프리퍼드라이를 적용하는 방법은 먼저 볼이 놓여 있는 위치를 마크하고, 그 볼을 집어 올려서 닦고, 그 볼이나 다른 볼을 플레이스하면 된다. 다만, 주의할 것은 한 번 내려놓으면 다시 프리퍼드라이를 적용할 수는 없다는 것이고, 집어 올렸다가 좋은 자리에 내려 놨다고 생각했는데 원래 자리와 마찬가지로 안 좋은 자리여도 다시 옮길 수는 없다. 다시 옮기면 1벌타다. 그리고 볼은 드롭하는 것이 아니라 지면에 놓는 것, 즉 플레이스(place)해야 한다.

프리퍼드라이를 적용하는 구제구역의 크기는 원래의 볼이 놓여 있었던 지점으로부터 1) 한 클럽 길이, 2) 스코어 카드 길이, 3) 6인치 등으로 정해진다. 각 대회마다 경기위원회에서 정하는 구제구역 크기가 다를 수 있으니 주의해야 한다. 일본골퍼 이마다 류지는 중국 미션힐스에서 열린 스타 트로피 대회에서 프리퍼드 라이 구제범위를 PGA 표준인 한 클럽 길이 이내로 알고 플레이를 했지만 그 대회의 로컬룰은 구제구역 크기를 스코어 카드 길이 이내로 정해 놓아서 그는 1라운드를 끝낸 후 스코어 카드에 서명하기 전에 프리퍼드라이 구제를 잘못한 것을 위원회에 보고를 했고, 잘못된 장소에서 플레이한 2벌타를 13회 적용한 26타 벌타를 받아 97타를 기록했다.

김맹녕 칼럼니스트가 라운드 중 윈터룰을 적용해서 10인치 되는 곳에 볼을 놓았더니 캐나다 친구가 '당신 사이즈가 10인치나 되냐'고 농담을 해서 당황했는데, 프리퍼드라이 6인치가 서양 남성들의 성기가 발기했을 때의 평균 길이에서 유래했다는 설이 있다는 것을 알고 배를 잡고 웃었다고 한다. 대한민국 남성들이여, 우리는 몇 인치로 할까요? 솔직해집시다.

Hole 6
par3

약속시간

22. 티오프(Tee-off) 5분 이상 지각하면 실격
23. 늑장플레이(slow play) 세 번이면 실격
24. 거리측정기(Rangefinders)와 플레이 속도

22. 티오프(Tee-off) 5분 이상 지각하면 실격

라운드 티오프 시간 직전에 헐레벌떡 뛰어온 친구가 카트에 앉자마자 문자를 확인하며 동반자들에게 "매형의 장인이 돌아가셨다는데 문상을 가야 할까 아니면 조의금만 보내도 될까?" 하고 묻는다. 한 친구가 "평소 친분이 있었어?"라고 하자 "그럼, 50년 넘었지." 다른 친구가 "만나 뵌 적이 있어서 얼굴은 알아?"라고 하자 "어렸을 땐 자주 뵀었는데 근래엔 1년에 한두 번 밖에 못 뵀어." 또 다른 동반자가 "가까운 사이도 아닌데 그냥 조의금만 보내"라고 하자 "그래도 될까? 누님과 어머님이 서운해 하실 텐데."

골프라운드 약속은 예나 지금이나 꼭 지켜야 하는 약속이다. 코로나19 때문에 요즘처럼 골프장 예약하기가 힘든 시기에는 더더욱 그렇다. 직계가족이 상을 당하거나 전치4주 이상의 사고가 아니라면 무조건 골프장에 나타나라고 한다. 골프장에서도 5일 전 까지만 예약취소를 받아주고, 그 이후에 노쇼(N0-Show)하면 30~50만 원 정도의 벌금과 이용정지 등의 페널티를 받는다. 그런데 매형의 장인은 자신의 아버지다.

프로골퍼는 물론이고 주말골퍼들도 티오프 시간을 지키는 것은 가장 기본적인 에티켓이다. 그래서 티오프 시간을 어기면 일반페널티(2벌타)를 받고 5분 이상 늦으면 실격이다. 너무 가혹하다고 생각하는 사람도 있겠지만 지인들과의 식사나 연인끼리의 데이트와 같은 일상생활이 아니라 기록과 관련된 스포츠에서는 반드시 지켜야하는 규칙이다.

물론 위원회가 인정하는 '예외적인 상황'도 있을 수 있지만 플레이어가 출발시각에 대한 페널티를 면제받는 예외적인 상황은 반드시 위원회의 결정에 맡겨두어야 한다. 하지만 그 상황은 플레이어가 통제할 수 없는 불행한 일이나 예기치 못한 일이 일어난 상황을 의미하는 것이 아니다. 플레이어는 항상 시간적인 여유를 두고 코스에 도착할 수 있도록 해야 하며, 늦어지는 상황이 생길 수 있다는 점을 반드시 염두에 두어야 한다. 플레이어가 코스로 오는 도중에 길을 잃거나 차가 고장이 나거나 교통체증이나 사고 때문에 도착 예상 시간이 더 걸리는 경우는 예외적인 상황으로 간주되지 않는다.

예를 들어 출발시각이 오전 9시인데 8시 57분에 출발지점에서 준비를 하고 있다가 개인적인 볼 일 때문에 출발지점을 벗어나 9시까지 돌아오지 않으면 규칙5.3a에 따라서 5분 내로 늦으면 일반페널티, 5분이 지나면 실격이다. 하지만 9시에 플레이 준비를 하고 있다가 출발지점을 벗어나면 규칙5.3a가 아니라 플레이의 부당한 지연에 따른 5.6a가 적용되어, 첫 번째 위반은 1벌타, 두 번째는 2벌타, 세 번째는 실격이다.

나의 아버지는 내가 어린 시절부터 아침 기상시간을 스스로 지키도록 하게 하셨다. 그러면서 '하루의 시작이 아침에 눈 뜨는 일인데 그것도 자기 스스로 하지 못한다면 무슨 일을 계획하고 실천할 수 있겠느냐'라고 항상 말씀하셨다. 라운드의 시작은 플레이어가 자신의 첫 번째 홀에서 첫 번째 스트로크를 하는 것이고, 그 시각이 티오프 시간이다. 그 시간도 못 지킨다면 코스에서 자신이 원하는 플레이를 할 수 있을까?

23. 늑장플레이(slow play) 세 번이면 실격

파란 가을 하늘과 색색의 단풍이 그려내는 한 폭의 풍경화 속에서 골프라운드를 할 수 있는 것은 축복이다. 시간, 돈, 그리고 동반자라는 3박자가 맞아야 할 수 있다는 것이 골프다. 하지만 요즘은 코로나사태로 성수기를 맞은 골프장들의 요금인상 속에서도 예약을 못해 코스를 나가지 못하는 골퍼들의 한 숨이 깊다. 그런데 이렇게 어렵게 잡은 시간에 맞춰 티오프를 시작한 라운드의 분위기를 깨는 것은 티잉구역 매트나 페어웨이 디봇 또는 느린 그린이 아니라 바로 동반자의 늑장플레이다.

어떤 조가 할당된 시간을 초과하여 플레이하고 앞 조와의 간격이 벌어진 상태에 있는 경우를 아웃오브포지션(out of position)이라고 한다. 자신이 속한 조가 늑장플레이인지 알 수 있는 방법은 그 조와 앞 조와의 간격이 출발시점의 간격보다 더 벌어져 있는 경우와 그 조가 파4 홀이나 파5 홀의 티잉구역에 도착하기 전에 그 홀이 비어있는 경우다. 로컬룰 모델 K-1과 K-2에 의하면 모든 홀의 플레이 시간, 룰과 관련해 판정을 받는 시간, 그리고 홀별 이동시간을 포함하여 18홀 경기에 할당된 시간은 3시간 45분에서 최대 4시간 5분이다. 최대 허용시간을 초과하여 라운드를 끝낸 경우 그 조의 모든 플레이어는 1벌타씩을 받는다.

2019 개정규칙에서 스트로크 당 할당된 최대 시간은 40초 이내이다. 자신의 조에서 파3 홀의 티샷이나 그린으로의 어프로치샷 또는 칩샷이나 퍼팅을 첫 번째로 하는 플레이어에게는 10초의 추가 시간을 허용한다. 플레이 시간은 자신의 순서가 되었을 때 방해나 간섭을 받지 않고 플레이할 수 있는 시점에 재기 시작하는데, 거리를 결정하고 클럽을 선택하는 데 걸린 시간도 다음 스트로크를 하는 데 걸린 시간으로 계산한다. 퍼팅그린에서의 플레이 시간은 플레이 선에 방해가 되는 손상을 수리하고, 돌과 나뭇잎 같은 루스임페디먼트(loose impediment)를 제거하는 합리적인 시간 이후에 재기 시작하고, 홀 앞뒤에서 플레이 선을 살펴보는 데 걸린 시간도 계산된다. 부당한 지연에 대한 페널티는 첫 번째는 1벌타, 두 번째는 2벌타, 세 번째는 실격이다.

R&A와 USGA의 2019 개정규칙에서 주목할 점은 플레이 속도 촉진이다. 프로골퍼들의 늑장플레이는 현장의 갤러리와 중계를 보는 시청자뿐만 아니라 동반 플레이어에게도 나쁜 영향을 준다. PGA투어프로 중에서는 브라이슨 디샘보가 슬로우 플레이로 논란이 되었는데,

2018 PGA투어 플레이오프 페덱스컵 1차전인 노던 트러스트 2라운드 8번 홀에서 2m가 조금 넘는 버디 퍼트를 하기 위해 2분 넘게 시간을 끄는가 하면, 16번 홀에서는 65m 거리에서 웨지 샷을 하는 데 3분 가량을 썼다. 브룩스 켑카(미국)와 에디 페퍼렐(잉글랜드) 등 투어 선수들마저 그의 늑장플레이를 공개적으로 비판하자 디샘보는 발끈하며 "가끔 40초 이상 걸리지만 이는 전체의 5%에 불과하다"면서 불쾌함을 드러냈다.

자업자득이라고 디샘보는 2020년 1월 27일 유럽프로골프투어 두바이 데저트 클래식 4라운드 초반 공동 선두였지만 10번 홀 페어웨이를 걷는 디샘보에게 경기위원이 카트를 타고 다가와 "이제부터 시간을 재겠다"고 통보했다. 디샘보는 15번 홀(파3)을 시작으로 18번 홀까지 연속해서 보기를 범하며 4타를 잃고 결국 합계 5언더파 283타로 선두에 4타 뒤진 공동 8위로 밀려났다. 디샘보는 자신의 인스타그램에 "슬로 플레이는 오랜 세월 논쟁거리였다. 나는 이제 슬로 플레이의 문제아가 아닌 해결사가 되겠다"고 말했다.

골프규칙1.2 플레이어의 행동 기준에서도 모든 플레이어의 타인 배려 내용에 '신속한 플레이속도와 타인의 안전'을 명시하고 있다. 라운드 나가서 캐디들이 '조금 서둘러 주세요'라고 신속한 플레이를 부탁하는 것은 참다 참다 더 이상 참을 수 없을 때 어렵게 던지는 말이다. 보통 첫 팀은 1시간 40분 정도에 9홀을 끝내야 하고, 홀이 비거나 그 팀의 속도가 지나치게 늦으면 캐디는 골프장 측으로부터 페널티를 받고 하루나 이틀 일을 못하게 된다. 주말골퍼들은 동반자의 늑장플레이에 조금 관대하긴 하지만, 자신의 티샷 순서가 되어서야 장갑 끼고 티와 볼 찾고, 어드레스 취한 뒤 주기도문을 외우거나, 칠 듯 말 듯하며 티샷을 위해 꽂아 놓은 나무 티에서 싹이 나올 정도로 시간을 보낸다면 구속영장 청구감이다.

슬로우 골퍼여!
골프코스에서 당신의 위치는
뒤 팀의 맨 앞이 아니라
앞 팀의 맨 뒤라는 것을 기억해라.

24. 거리측정기(Rangefinders)와 플레이 속도

미국프로골프협회(PGA of America)는 2021년 2월 9일에 PGA챔피언십, KPMG 여자 PGA챔피언십, KitchenAid 시니어 PGA챔피언십 3개의 메이저 대회에서 거리측정장치 사용이 허용될 것이라고 발표했다. 이 정책은 5월 17일 사우스 캐롤라이나 주 키아와 아일랜드의 오션 코스에서 열리는 2021 PGA챔피언십에서 처음으로 적용되었다.

미국프로골프협회 회장 짐 리처슨(Jim Richerson)은 "우리는 항상 경기 흐름(flow of play)을 개선하는 방법에 관심이 있었고, 거리측정장치의 사용은 이미 일반적이고 골프규칙의 일부이며, 선수와 캐디가 연습 라운드에서 코스거리정보 수집을 위해 오랫동안 사용해왔다"고 말했다.

2019개정규칙 4.3a (1)에서 고도 변화를 측정하거나 플레이어의 볼의 위치에 맞는 플레이 선이나 클럽을 추천해주는 기기를 사용하여 거리나 방향에 관한 정보를 분석하지만 않으면 거리측정기나 나침반을 사용하여 거리나 방향에 관한 정보를 알아보는 것을 허용하고 있지만, 지금까지 모든 프로골프시합에서는 로컬룰 모델 G-5에 의하여 라운드 동안 전자식 거리측정기의 사용을 금지해왔다.

미PGA가 거리측정기의 사용이 경기의 흐름을 좋게 할 거라는 주장에 대하여 남아프리카 공화국 프로골퍼 에릭 반 루옌(Erik van Rooyen)은 트위터에서 거리측정기가 플레이 속도를 높여줄 것이라는 주장은 어리석은 짓이라고 했고, 트레버 이멜만(Trevor Immelman)도 자신이 캐디라면 그린북*과 거리측정기가 허용된다는 사실을 싫어할 것이라고 했다. 메이저 2승 포함 LPGA 8승의 브리타니 린시컴(Brittany Lincicome, 미국)은 "그것이 플레이 속도를 빠르게 해주기를 바라지만 그렇게 될지는 모르겠다. 캐디들은 측정기와 발걸음 둘 다 사용해서 추가시간이 필요할 것이다"라고 했고, 세계 남자프로골퍼 랭킹 7위인 콜린 모리카와(Collin Morikawa, 미국)도 "그런 움직임이 도움이 될지 모르겠지만 큰 영향을 미치지는 못할 것이다. 그것이 플레이 속도 문제를 해결해 줄 수 있을 것인지는 우리가 해보기 전까지는 알 수 없다"고 했다. 안병훈 선수는 "우리는 핀 앞뒤에 얼마나 많은 공간이 있는지 알아야 한다. 거리측정기 때문에 우리가 빨리 플레이할 것이라고 기대하지 않았으면 좋겠다"고 했다.

전문 직업인으로서의 자부심과 그들만의 노하우(know-how)를 가진 프로캐디들은 레인지파인더의 사용을 반기지는 않을 것이다. 연습라운드와 사전 조사를 통해 정성들여 만든 야디지북**에 더 익숙한 그들로서는 레인지파인더를 사용하여 정확한 수치를 얻는다고 해도 다시 한 번 야디지 북으로 더블체크를 할 것이기 때문이다.

유럽투어에서 리 웨스트우드, 저스틴 로즈, 루크 도널드 같은 선수들과 함께 30승 이상을 기록한 전문캐디 믹 도란(Mick Doran)은 야디지북과 거리측정기 둘 다 가지고 있으면 시간이 더 많이 걸릴 것이라고 했다. 흐린 날은 레이저로 깃대를 찍기가 어렵고, 깃대를 세 번 측정하면 세 번 다 다른 수치가 나올 수도 있어서, 야디지북이 훨씬 더 빠를 것이라고 했다. 코스 매니지먼트는 단지 거리만 측정해서 되는 것이 아니라 주변의 벙커나 경사지 등을 살펴 볼을 어디까지 캐리(carry)하고 어느 곳에 떨어뜨릴 것인지, 9번 아이언을 들었을 때와 5번 아이언을 들었을 때의 깃대 공략법이 다르다는 것 등을 고려해야 한다는 것이다.

캐디 맥도나(McDonagh)도 거리측정기가 아마추어 골퍼에게는 도움이 되겠지만 프로시합에서는 100% 플레이속도를 늦추게 될 것이라고 했다. 아마추어는 깃대에 집착하지만, 프로는 위험요소가 어디 있는지, 다음 샷을 어디에서 할 것인지를 더 걱정하고, 플레이어는 벙커를 넘어가는 거리, 핀까지의 거리 그리고 그린 뒤 에지(edge)까지의 거리 등 세 가지 수치를 원하지만 레인지파인더는 그 중에 하나만을 알려주기 때문이라는 것이다.

세계 골프규칙을 정하는 USGA와 R&A가 비거리 제한을 위해 골프 클럽 길이를 46인치로 제한하는 규정 변경을 예고했고, 골프공 테스트 방법 개선과 클럽 페이스의 반동 효과 상한 변경 등의 규정 개정도 제안한 뒤숭숭한 시점에서 거리측정기 사용을 허용하겠다는 뉴스가 겹쳐 새 봄을 맞는 골프계는 언 땅 속 새싹의 움직임보다 더 요동치고 있다. 미국 부쉬넬이 잘 안 팔리나?

---

* 그린북(Green Book)은 3D레이저 및 GPS 측량 데이터를 사용하여 그린의 등고선과 경사도 등이 그려진 지도다. 그린북에 실리는 이미지의 축적은 1:480을 넘으면 안 되고, 크기도 가로 4.25인치(10.795㎝), 세로 7인치(17.78㎝)보다 크면 안 된다. 읽을 때 확대 렌즈는 사용할 수 없다.

** 야디지북(Yardage book)은 골퍼들이 라운드를 할 때 코스공략을 위해 사용하는 핸드북으로, 골프코스의 모든 홀에 대한 거리, 페널티구역 및 퍼팅그린에 대한 정보가 포함되어 있다.

Hole 7
par4

골프클럽

25. 캐디백 안에 14개 이상의 클럽이 있을 때
26. 라운드 도중 손상된 클럽은?
27. 동반자의 클럽을 빌려 치면 2벌타
28. 어떤 클럽을 사용했는지 물어보면 2벌타

25. 캐디백 안에 14개 이상의 클럽이 있을 때

최초로 골프클럽 개수를 14로 공식 제안한 사람은 영국왕립골프협회 규칙 위원회 로버트 해리스(Robert Harris)위원장인데, 그 당시 미국 골퍼들이 너무 많은 클럽으로 대회에 참가하는 것을 보고 1936년 미국골프협회장 존 잭슨(John Jackson)에게 클럽 개수 제한을 제안해서 1938년에 USGA가, 1939년에 R&A가 클럽 개수를 14개로 제한하는 규칙을 채택했다. 1934과 1935년 연속해서 미국 아마추어 챔피언십 우승을 한 미국 골퍼 로손 리틀(Lawson Little)은 클럽을 31개까지 가지고 다녀 캐디가 추가요금을 요구하기도 했다고 한다.

로버트 해리스는 1953년 그의 책 'Sixty Years of Golf'에서 "14개로 클럽을 제한한 것은 어떤 근거가 있는 것은 아니었다. 지금은 14개도 너무 많다. 선수가 샷에 자신이 없을 때 클럽 선택을 두고 캐디와 의논하느라 경기속도가 늦어지고 있다"고 했다. 스코틀랜드 골퍼이며 현재 골프 방송 및 작가로 활동하고 있는 케네스 존 브라운(Kenneth

John Brown, 1957)은 "클럽은 퍼터, 샌드웨지, 피칭웨지, 8, 6, 4번 아이언, 하이브리드 3번, 3번 우드, 드라이버 등 9개와 6개의 티(tee), 4개의 볼 그리고 연필 한 자루면 충분하다"고 했다.

2019 개정규칙 4.1b(클럽 개수의 한도)에 의하면 '플레이어는 14개가 넘는 클럽을 가지고 라운드를 시작해서는 안 되며, 라운드 동안 14개가 넘는 클럽을 가지고 있어서도 안 된다.' 플레이어의 캐디백 안에 14개 이상의 클럽이 있을 때 스트로크 플레이에서는 홀 당 2벌타 18홀 최대 4벌타를, 매치플레이에서는 한 홀 씩 라운드 당 최대 두 홀까지 차감한다. 하지만, 라운드 전에 14개를 초과하는 클럽이 있는 것을 발견하고 그 초과된 클럽을 사용하지 않겠다는 선언을 하면 페널티가 없다.

1991년 마스터스 우승 포함 총 47승을 거둬 2017 세계 골프 명예의 전당 회원이 된 키 160cm의 작은 거인 이언 우즈넘(Ian Woosnam, 웨일즈)은 2001년 브리티시오픈에서 1번 홀(파3)을 지나 2번 홀 티샷을 하려다 드라이버 2개 포함 15개의 클럽이 있는 것을 알고 2벌타를 받아 그 일 때문에 캐디를 해고했고, 그 후 메이저 대회에서 12년 만에 우디 오스틴(Woody Austin, 미국)이 2013 PGA챔피언십에서 클럽 초과로 4벌타를 받아 예선 탈락했다. 우리나라에서도 박세리 프로는 2003년 한·일 대항전에서 클럽을 16개 넣고 출발했다가 이 사실을 발견한 4번 홀에서 자진 신고해 4벌타를 받았고, KPGA 2009 SK텔레콤오픈에 출전한 강욱순 프로는 자신도 모르게 캐디백 안에 들어있던 웨지 한 개 때문에 4벌타를 받았다.

골프뿐만 아니라 등산, 낚시, 사진 등 각종 장비가 필요한 취미에서 지나치게 필요 이상으로 장비에 집착하거나 장비를 사기 위해서 과소비하는 것을 '장비병'(gear acquisition syndrome)이라고 한다. 장비병에 걸리면 벗어나는 것이 금연만큼이나 어렵다고 한다. 그 장비가 곧 생계를 유지하는 수입과 직결되는 프로가 아니라면 장비에 대한 집착이 클수록 자신의 부족한 점을 깨닫고 극복하려는 기회를 잃게 된다. 장비가 좋아지면 자신의 실력이 좋아진다고 믿는 것은 글자를 모르는 사람이 안경을 쓰면 글을 읽을 수 있다고 믿는 것과 같다. 미국의 신경 과학자이며 사진작가인 조슈아 박사(Joshua Sariñana)는 스트레스 요인이 충동적인 행동을 유발하는 방식과 장비구매가 우리 뇌의 보상 센터를 활용하는 방식에 대한 신경 화학적 메커니즘을 설명하는데, 그는 더 크고 더 나은 보상을 찾기 위해 새로운 구매를 한다는 점에서는 장비병이 약물 남용과 유사하다고 했다.

R&A는 '골프는 도구가 아니라 사람의 힘으로 자연을 극복하는 운동'이라며 클럽 개수를 14개로 제한했다. 장비병에서 벗어나 진정한 골퍼가 되고 싶다면 진짜 애주가는 월급을 모두 술 먹는 데 쓰고 빈병을 팔아 생활비를 하듯이 당장 14개 넘는 클럽을 팔아 라운드 비용으로 써라.

26. 라운드 도중 손상된 클럽은?

골퍼가 스윙 도중에 클럽이 부러지면 타수에 포함이 될까, 안될까? 백스윙 도중에 스윙을 멈춘 경우가 아니고 이미 다운스윙이 시작되었다면 스트로크를 한 것이다. 스트로크란 '볼을 치기위해 클럽을 앞쪽으로 움직이는 동작(The forward movement of the club made to strike the ball)'이기 때문에 백스윙 정점에서 다운스윙이 시작되어야 스트로크가 성립된다고 할 수 있다.

현대 골프규칙의 모체라고 할 수 있는 1744년 스코틀랜드 에든버러 골프멤버들이(Gentlemen Golfers of Edinburgh) 만든 13개의 골프 룰 (Articles and Laws in Playing at Golf) 중에서도 11번은 클럽손상에 관한 것이다. 볼을 치기위한 백스윙과 다운스윙의 스트로크 과정에서 클럽이 부러지면 한 타로 기록한다는 내용이다. 가죽 커버 속에 새 깃털을 넣고 꿰맨 골프공인 페더리(feathery)를 물푸레(ash)나무 또는 개암(hazel)나무 샤프트로 만들어진 클럽으로 치다보니 부러지는 경우가 많았을 것이다. 1800년 후반에 대장장이들이 만들기 시작한 초기 아이언은 무겁고 사용하기 어려웠으며, 무엇보다 귀한 페더리 골프공을 쉽게 손상해서 큰 인기를 끌지 못했다. 1930년부터 스틸 샤프트가 소개되면서 골프 클럽은 큰 변화를 거쳤고, 1939년 R&A가 클럽개수를 14개로 제한하면서 전통적인 이름(long nose, spoon, niblick, cleek 등)들도 오늘날의 번호 시스템이 되었다.

적합한 클럽이 라운드 동안 손상된 경우 이전과는 달리 손상 내용이나 원인과 상관없이 남은 라운드 동안 그 클럽을 계속 사용할 수 있다. 물론 원래의 헤드, 샤프트와 그립을 그대로 사용하고 플레이를 부당하게 지연시키지 않으면 수리할 수 도 있다. 손상된 클럽은 그 라운드에서만 사용할 수 있어서 스트로크 플레이에서의 연장전에서는 사용할 수 없다. 하지만 매치플레이에서는 연장전이 새로운 라운드가 아니라 라운드의 연속이기 때문에 사용할 수 있다.

골프규칙 4.1a(2)에서 '적합한 클럽이 라운드 동안 또는 규칙 5.7a(위원회, 합의, 낙뢰에 의한 중단)에 따라 플레이가 중단된 동안 손상된 경우, 플레이어는 원칙적으로 그것을 다른 클럽으로 교체해서는 안 된다'라고 했지만 이 규칙에 의하면 정상적인 플레이 도중에 손상된 클럽도 교체가 허용되지 않기 때문에 USGA는 2019년 4월 9일 로컬룰 모델 G-9에서 교체가 필요한 '부러지거나 심하게 손상된' 경우를 다음과 같이 구체화해서 클럽교체를 허용했다.

- 샤프트가 부러지거나 깨지거나 구부러진 경우
- 클럽 페이스나 헤드가 눈에 띄게 심하게 변형된 경우
- 클럽헤드가 샤프트에서 분리되거나 샤프트와의 연결 부분이 헐거워진 경우
- 그립이 헐거워진 경우

하지만, 클럽 페이스나 클럽헤드에 금이 가기만 한 것은 '부러지거나 심하게 손상된' 것이 아니다. 플레이어가 라운드 동안 그 성능을 고의로 변화시킨 클럽은 '라운드 동안 손상된' 클럽이 아니므로 그 클럽으로 스트로크를 한 것에 대한 페널티는 실격이지만, 조정 가능한 클럽을 스트로크를 하기 전에 원래의 위치로 되돌려놓은 경우와 부적합한 클럽이나 라운드 동안 고의로 성능이 변화된 클럽을 가지고 있기만 한 경우에는 페널티가 없다.

2020 PGA챔피언십 1라운드 7번 홀(파4)에서 347야드 원온을 시도한 장타자로 변신한 브라이슨 디섐보가 드라이버를 강하게 치고 나서 티를 주우려고 가볍게 클럽을 잔디에 짚었는데 헤드와 샤프트의 연결 부위인 호젤 부분이 부러지는 일이 일어났다. 자신의 승용차에 여분의 드라이버를 갖고 있던 디섐보는 관계자를 통해 새 클럽으로 교체했고, 9번 홀부터 새 드라이버로 티샷을 했다.

클럽을 고의적으로 손상하는 경우는 자신의 화를 참지 못하고 부러뜨리는 경우가 대부분이다. 코스 밖에서도 이렇게 화를 못 참고 클럽을

휘두르는 사람들 때문에 골프채가 흉기나 둔기로 뉴스에 자주 등장하는 것이다. 올 해 6월 항소심에서 아내를 살해한 혐의로 지난해 11월 1심에서 징역 15년을 선고받은 유모씨가 '살인죄 무죄', 대신 '상해치사' 혐의가 적용돼 징역 7년으로 감형됐다. 결정적 감형 이유는 사건 당시 유모씨가 휘두른 범행 도구인 골프채였다. 골프채 손잡이를 잡고 헤드로 가격한 게 아니라, 헤드를 잡고 손잡이 부분으로 아내를 때렸다는 점이 인정돼 살인의 고의성이 없어서 감형을 받은 것이다.

라운드 동안에도 클럽이나 볼에 의해 캐디나 동반자가 다치는 경우가 종종 있다. 피해자의 과실이 있다고 하더라도 가해자의 면책 사유가 되지 않는다. '과실'로 사람을 다치게 한 사람도 형법상 '과실치상죄(제266조)'가 성립돼 처벌되기 때문이다. 처벌은 500만 원 이하의 벌금이다. 2019 개정규칙에서는 플레이어의 고의성이 없다면 손상된 클럽의 수리나 교체를 폭 넓게 허용했다. 하지만 자신의 분노를 골프 클럽으로 폭발시켜 클럽을 손상시키거나 타인에게 해를 입히는 자는 수리나 교체가 아닌 영구 폐기처분이다. 사랑한다면 꽃으로도 때리지 마라.

27. 동반자의 클럽을 빌려 치면 2벌타

규칙 4.1b에 의하면 플레이어는 코스에서 누군가가 사용하고 있는 클럽을 빌려서 스트로크를 해서는 안 된다. 플레이어는 반드시 라운드를 시작할 때 가지고 있던 클럽이나 라운드 동안 규칙에 따라 추가한 클럽만 사용해야 한다. 위반 시에는 매치플레이에서는 최대 두 홀까지 차감, 스트로크플레이에서는 일반페널티(2벌타), 최대 4벌타를 받는다. 라운드를 시작할 때 클럽이 14개였다면 분실된 클럽을 교체할 수 없지만 14개미만 이었다면 부당하게 플레이를 지연시키지 않는 한 14개까지 추가할 수 있다.

주말골퍼들은 라운드 도중에 코스에서 종종 클럽을 분실한다. 특히 캐디가 없는 '노캐디' 셀프라운드를 할 때 더 많이 발생한다. 볼이 놓여 있는 라이(lie)에 따른 샷을 하기 위해 클럽을 두세 개 들고 갔다가 코스에 그냥 두고 오기 때문이다. 캐디가 있을 때도 분실하는 것은 '공동책임은 무책임'(Everybody's business is nobody's business)이란 말이 있는 것처럼 캐디는 고객에게, 고객은 캐디에게 미루다보니 클럽은 잔디에 버려지게 되는 것이다. 퍼터나 드라이버는 거의 매홀 사용하니까 한 홀이 지나기 전에 알아차리지만 잘 쓰지 않는 클럽은 라운드가 다 끝나고 정리할 때가 돼서야 분실한 걸 안다. 클럽커버는 말할 것도 없다.

이렇게 골프와 관련된 건망증을 '골프 치매'라고도 하는데 그 종류가 매우 다양하다. 집에서 출발하면서부터 이 병은 증상이 시작된다. 파크, 파인, 밸리, 힐스 같은 많이 사용되는 이름의 골프장이 헷갈려서 엉뚱한 골프장으로 가는 경우도 있고, 연습장에 놔둔 골프백이 자동차 트렁크에 있을 거라는 확신에 빈손으로 도착해서 당황하는 경우도 있다. 라운드가 시작되면 초보골퍼들은 티나 볼 마커는 당연히 잃어버리고 장갑과 볼은 손에 들고서 찾아다니고, 하수는 물론이고 고수들도 클럽을 코스에 그냥 두고 다음 홀로 이동하기도 한다. 골프장 로커(locker) 번호를 깜빡하는 것은 누구나 경험하는 것이고, 모자나 장갑, 골프화는 골프장 마다 잔뜩 쌓여 있다. 집으로 돌아갈 때 미국 보스턴 대학생들이 처음 사용하여 그런 이름이 붙은 보스턴백이나 골프백을, 심지어는 동반자를 두고 가는 경우도 있다. 요즘처럼 코로나 때문에 샤워를 하지 않는 경우에는 라운드 종료 후 프런트에 들르지 않고 바로 가다 보니 결제를 하지 않고 그냥 가는 도둑골퍼들이 늘고 있다.

라운드 도중에 클럽 분실을 알아챈 경우 즉시 동반 캐디나 골프장 측에 연락해서 분실 추정 시간, 장소를 알려야 한다. 코스 내에서 두고 온 클럽은 대부분 뒤따라오는 팀이 발견해 골프장 측에 맡겨 놓거나 캐디를 통해 신속하게 되찾을 수 있다. 라운드 동안 분실한 골프클럽은 본인 책임이고, 클럽하우스 정문에 세워둔 백이 분실됐다면 골프장 책임이다. 대법원도 대중 골프장의 현관 내와 접수대 등에 '골프가방의 보관관리는 본인이 해야 하고 분실 시 책임을 지지 않는다'는 안내문을 붙여 놓았더라도 골프장의 가방거치대에 놓아 둔 골프채를 도난당했다면 업주 측에 책임이 있다고 보았다.(대법원 90다21800 판결)

상법 제152조(공중접객업자의 책임)에 의하면 손님이 업주에게 물건을 맡겨둔 경우, 업주는 분실도난 시 책임을 져야 하며, 맡겨 두지 않은 경우라도 업주의 과실이 인정되면 업주는 책임을 져야 한다고 규정하고 있지만, 샤워하는 동안 3000만 원 상당의 시계를 분실한 골퍼가 소송을 제기했지만 법원은 보관을 의뢰하지 않은 본인 책임이라고 판결했다. 결국 물건 관리의 1차적 책임은 자기 자신에게 있다는 것이다. 우리나라 모든 골프장에서 라운드를 끝낸 후 꼭 해야 하는 절차가 자신의 클럽에 이상이 없다는 확인서명이다. 물론 이렇게 하는데도 클럽분실의 책임을 캐디나 골프장 측에 요구하는 고객들을 대비해서 캐디들은 라운드 시작과 종료 시에 클럽사진을 찍어둔다. 자기 부인이 집 나가면 찾지도 않는 사람들이 7번 아이언 하나 잃어버리면 전국의 모든 골프 숍과 온라인 마켓을 뒤진다. 집 나간 뒤 찾지 말고 있을 때 잘하자. 그런데, 소송까지 해가며 자기 물건 그렇게 아끼는 사람들이 왜 그렇게 볼은 버리고 가는지 모르겠다.

바닥 물고기

호수 깊은 바닥에는 물고기가 산다.
죽어도 떠오르지 않는 호수바닥에 사는 물고기들.

미안해서 부끄러워서 노여워서
모습을 감추는 물고기들.

버리고 간 주인이 떠나도
떨어진 그곳에서 천년을 기다린다.

「詩가있는 골프에 山다」 중에서

28. 어떤 클럽을 사용했는지 물어보면 2벌타

'삼인행 필유아사(三人行 必有我師)'라는 논어에 나오는 공자님 말씀이 있다. '세 사람이 길을 걸으면 그 중에 반드시 스승이 있다'는 뜻으로 그 가운데 좋은 것은 가려서 따르고 좋지 않은 점은 고치라는 가르침이다. 그런데, 1팀 4인이 골프코스를 걸으면 그 중에 스승이 무려 3명이다. 어제 골프 시작한 사람이 오늘 골프 시작한 사람한테 레슨하는 것이 골프라지만 스승이 너무 많다.

골프에서 어드바이스(advice)란 플레이하는 동안에 클럽 선택, 스트로크 방법, 플레이하는 방법 등을 결정하는 데 영향을 줄 의도로 하는 말이나 행동을 말한다. 하지만, 골프규칙, 홀이나 퍼팅그린, 벙커 등의 위치, 한 지점에서 다른 지점까지의 거리는 어드바이스에 포함되지 않는다.

기본적으로 코스 위의 플레이어는 자기 혼자 전략과 전술을 세워야 한다. 라운드 동안 플레이어는 그 경기가 열리고 있는 코스의 어느 누구에게도 어드바이스를 해서는 안 되고, 자신의 캐디 이외의 어느 누구에게도 어드바이스를 요청해서는 안 되며. 정보를 얻기 위하여 그 플레이어의 클럽이나 골프백을 만져서도 안 된다.(10.2a)

주말골퍼들이 파3 홀에서 플레이하는 풍경은 규칙 위반 대잔치다. 내리막이 많거나 바람이 부는 날이면 먼저 샷 한 동반자에게 거리는 얼마를 보고 몇 번 클럽을 쳤냐고 물어본다. 그러면 그 골퍼는 친절하게 자신의 클럽을 보여주고 주의사항까지 얘기해주며 공략 방향도 알려준다. 주말골퍼들이 동반자에게 어느 쪽을 보고 어떤 방식으로 몇 미터를 치라고 말해주는 것은 규칙 위반이고, 자신의 샷이 끝난 후에는 상관없지만, 자신보다 먼저 플레이한 동반자에게 몇 번으로 샷을 했는지 묻는 것도 규칙 위반으로 2벌타다. 궁금하면 몰래 봐야한다.

플레이어가 라운드 동안 규칙에 의해 공식적으로 어드바이스를 요청할 수 있는 사람은 자신의 클럽을 운반하고 그 밖의 도움을 주는 캐디뿐이다. 캐디는 클럽 선택, 스트로크 방법, 플레이하는 방법 등을 알려줄 수 있고, 돌, 나뭇잎, 나뭇가지 같은 루스임페디먼트와 고무래, 방송카메라, 거리나 페널티구역 표시말뚝, 고무호스 같은 움직일 수 있는 장해물도 제거할 수 있다.

하지만 상대방에게 컨시드하기, 드롭하기, 구제결정하기 등은 할 수 없고, 특히 플레이어가 스트로크를 위한 스탠스를 취하면 고의로 플레이 선이나 그 선 가까이에 서있으면 안 된다. 또한, 플레이어가 집어든 볼을 놓아줘서도 안 된다. 라운드 동안 캐디가 한 행동에 대한 책임은 플레이어에게 있으며, 캐디가 규칙을 위반하는 경우에는 플레이어가 페널티를 받게 된다. 이렇게 볼을 치기 위한 얼라인먼트나 어드레스 등을 돕는 것을 제한하는 것은 선수의 능력을 평가하는 것이 스포츠의 기본정신이기 때문이다. 선수 기량이 아닌 캐디의 실력에 의해 성적이 좌우되는 것은 스포츠정신에 위배된다.

리 하오통(중국)이 2019년 1월 유러피언투어 두바이데저트클래식 마지막 라운드 18번 홀(파5) 그린에서 캐디가 1m 남짓 되는 내리막 버디 퍼팅의 얼라인먼트(alignment: 정렬)를 도왔다는 이유로 2벌타를 받아 10만 달러의 손해를 봤고, 애덤 솅크(미국)는 2019년 3월 PGA투어 혼다 클래식 2라운드 17번 홀(파3)에서 벙커샷을 하는 상황에서 캐디가 공의 후방에 서있었기 때문에 규칙 10-2b 4항 '캐디의 위치 제한' 위반으로 2벌타를 받았다. 정확히 말하자면 본인이 아닌 캐디가 규칙을 위반한 것이지만 플레이어가 그 책임을 진 것이다.

1인 1캐디에서는 다른 플레이어나 캐디에게 어드바이스를 요청하는 것은 룰 위반이지만 4인 1캐디처럼 공동 캐디일 때는 캐디가 가지고 있는 정보공유는 룰위반이 아니다. 그래서 주말 골퍼들이 먼저 샷을 한 동반자가 몇 번으로 쳤는지 궁금할 때는 캐디에게 물어보면 된다. 둘 이상의 플레이어들이 한명의 캐디를 공동으로 쓸 수는 있지만, 어떤 경우든 한 번에 두 명 이상의 캐디를 동시에 써서는 안 되며 위반

시에는 2벌타다. 결국 한 여자를 두고 두 남자가 벌이는 삼각관계의 사랑싸움은 괜찮지만 한 남자가 동시에 두 여자를 사귀는 양다리는 규칙위반이라는 것이다.

Hole 8
par4

그늘집 이야기 2

29. 고도나 경사도 측정하면 2벌타
30. 내기는 도박인가 오락인가?
31. 타이거우즈의 부상과 골프장 안전사고
32. 사라져버린 재밌는 규칙들

29. 고도나 경사도 측정하면 2벌타

주말골퍼들의 필수품 중에는 거리측정기가 있다. 거리를 친절하게 알려주는 예쁜 캐디가 있는 라운드를 하면서도 팔에는 GPS(Global Positioning System) 손목시계를 차고, 뒷주머니 쪽에는 레이저측정기를 하나씩 달고 있다. 정말로 꼼꼼하게 거리와 경사도를 측정한다. 문제는 그 거리만큼 치지 못한다는 것이다.

2019개정규칙 4.3a(장비의 사용이 허용되는 경우와 금지되는 경우)에 의하면 플레이어는 라운드 동안 자신의 플레이에 도움이 되는 장비를 사용할 수 있지만, 볼을 플레이하는 데 본질적으로 필요한 기술이나 판단을 덜어주는 장비를 사용해서는 안 된다. 이를 위반하면 첫 번째는 2벌타, 두 번째는 실격이다.

거리측정기나 나침반을 사용하여 거리나 방향에 관한 정보를 알아보는 것은 허용되지만 고도 변화를 측정하는 경우와 플레이어의 볼 위치에 맞는 플레이 선이나 클럽을 추천해주는 기기를 사용하는 것은 허용되지 않는다. 로컬룰 모델 G-5에 의하여 거리측정기의 사용을 금지하는 로컬룰을 채택할 수 있어서 대부분의 프로골프 시합에서는 거리측정기를 사용하지 않는다.

코스에서 기온과 습도를 측정하는 것은 허용되지만 풍속을 측정하는 경우나 풍향을 알아보기 위해 손수건 같은 인공물을 사용하는 것은 허용되지 않으며, 플레이 중인 경기와 무관한 오디오·비디오를 듣거나 보는 것은 괜찮지만 플레이어 자신이나 다른 플레이어가 그 경기에서 한 플레이를 보여주는 영상을 시청하는 것은 금지된다. 로컬룰 모델 G-8에 의해 위원회는 라운드 동안 오디오·비디오 기기의 사용을 금지하거나 제한하는 로컬룰을 채택할 수 있다.

레진이나 파우더 등을 사용하거나 수건이나 헝겊으로 그립을 감싸는 것은 허용되지만 손의 위치나 그립의 강도에 부당한 이익을 주는 장비를 사용할 수 없다. 또한, 스트레칭용 장비는 허용되지만 스윙용 도구(얼라인먼트 스틱·무거운 헤드커버·도넛 모양의 스윙보조기) 또는 부적합한 클럽을 연습스윙이나 스트로크를 준비하거나 실행하는 데 사용할 수 없다. 테이프 또는 그와 유사한 의료용품은 부상을 방지하거나 기존의 부상을 보호할 목적의 의료적인 이유가 있는 경우 사용할 수 있지만 플레이어가 클럽으로 스윙을 하는 데 도움이 될 정도로 관절을 고정시켜주는 것이어서는 안 된다.(4.3b)

날이 점점 쌀쌀해지면 주말골퍼들은 몸을 따뜻하게 하기 위해서 핫팩을 찾기 시작하는데 이것으로 볼을 데워 사용하면 첫 위반 시 일반페널티(2벌타), 그 이후는 실격이다. 골프규칙 4.2a에 의하면 플레이어는 긁어서 홈을 내거나 가열하거나 어떤 물질(세척용 물질은 제외)을 바른 볼처럼 그 성능을 고의로 변화시킨 볼에 스트로크를 해서는 안 된다. 날씨가 차가워지면 탄성이 줄어들어 볼이 고유의 성능을 발휘하지 못하는데, 미국 골프다이제스트의 로봇 실험에 따르면 영하 3도에서는 섭씨 18도에 비해 캐리가 4.8야드, 런이 5.5야드나 줄어들었다. 겨울철에는 결과적으로 한 클럽 차이에 해당하는 10.3야드(9.4m) 이상 덜 날아간다는 것이다.

골프를 즐기는 데 도움을 주는 많은 장비들이 개발되고 있다. 지금 이 순간도 어느 연구실에선가는 주말골퍼들이 가장 어려워하는 퍼팅라인 읽는 데 필요한 라인을 표시해주는 레이저 기기를 개발하고 있을지도 모른다. 하지만 프랑스의 철학자 앙리 베르그송(Henri Bergson)은 인간을 '도구의 인간', 즉, 호모 파베르(Homo Faber)라 칭하며 인간은 유형, 무형의 도구를 만드는 동시에 자기 자신도 만든다고 했다. 인간은 몸을 진화시키는 대신 도구를 만들었고, 그 도구를 어떻게 사용할 것인가는 인간의 '지성'에 달려 있다. 골프를 즐기는 것은 골퍼, 즉 사람이지 골프 장비가 아니다. 원하는 거리를 알아서 날아가 주는 볼과 항상 똑바로 멀리 쳐주는 클럽을 가지고 코스에 나가길 원한다면 차라리 컴퓨터오락을 해라. 베르그송이 인간이 좋은 머리로 자살 도구와 자살 방법을 생각해 스스로를 없애려는 데 대해 깊은 우려를 표시했듯이, 장비에만 의존해 쉽고 편한 라운드만 하려고 하는 것은 골프의 재미를 없애려는 자살행위다. 그냥 OB랑 쓰리퍼트랑 같이 좀 살자.

30. 내기는 도박인가 오락인가?

한국골프대학교 경기지도학과장 권선아 교수에게 골프내기가 도박인지, 오락인지 물어보니, 대답은 간단했다. "가족끼리 하면 오락, 원수끼리 하면 도박이고, 오락이 되면 가족, 도박이면 원수가 되는 것이 골프 내기입니다." 결국 어떤 동반자들과 어느 정도의 액수로 내기를 하느냐가 도박과 오락의 경계라는 것이다.

형법 제246조(도박, 상습도박)에서는 '도박을 한 사람은 1천만 원 이하의 벌금에 처한다. 다만, 일시 오락 정도에 불과한 경우에는 예외로 한다.'고 규정하고 있으며, 상습적인 경우에는 3년 이하의 징역 또는 2천만 원 이하의 벌금에 처해진다. 이 법률에 의하면 대부분의 골퍼는 상습범이다. 골퍼들은 라운드 동안 크건 작건 간에 경기의 재미를 위해서 내기를 한다. 보통 1타당 1천 원에서 1만 원 정도다. 배판이 되는 룰을 정해서 타당 금액이 2배가 되는 경우도 있다. 물론 1타 당 5만 원이나 10만 원 그 이상의 금액으로 내기를 하는 골퍼들도 있지만 전체 골퍼의 1% 미만의 극소수다. 2019년 3월 내기골프에서 차태현이 225만 원, 김준호가 260만 원 땄다는 카톡방 대화 내용이 공개되면서 사회적 논란거리가 된 적이 있었다.

그렇다면 도박이란 무엇일까? 첫째로, 도박이란 '재물을 걸고 우연에 의하여 재물의 득실을 결정하는 것'을 의미하고, 여기에서의 우연은 '당사자 사이에 있어서 확실히 예견하거나 자유로이 지배할 수 없는 사실(내지 이에 관하여 승부를 결정하는 것)'을 말한다. 그렇다면 내기골프가 우연성이 있는 도박죄의 구성요건을 갖추고 있는지 살펴봐야 한다. 골프는 당사자의 기량에 대한 의존도가 높은 경기의 일종이지만, 경기자의 기량이 일정한 경지에 올라 있다고 하여도 매 홀 내지 매 경기의 결과를 확실히 예견하는 것은 가능하지 않다. 세계 정상급 프로골퍼들이 18홀을 3회 내지 4회 합산하여 순위를 결정하는 방식의 경우에도 우승자나 순위를 미리 확실히 예견할 수 없고, 나아가 각 홀의 결과를 미리 예견한다는 것은 불가능한 일이다. 또한, 골프는 페어웨이, 숲, 벙커, 연못 등이 어우러지고 그때그때의 기상변화에 따른 영향을 직접 받는 자연 그대로의 상태나 인위적으로 조성된 방대한 코스에서 매 홀 및 매 타의 결과를 그대로 또는 유사하게라도 재현하기가 매우 어렵다는 점에서 경기자가 자신의 경기 결과마저 자유로이 지배할 수 없다고 하겠다.

두 번째로, 내기골프에서 이기는 자가 가져가는 돈은 정당한 근로에 의한 재물의 취득이라고 볼 수 없고 내기골프를 방임할 경우 경제에 관한 도덕적 기초가 허물어질 위험이 충분하므로, 이를 화투 등에 의한 도박과 달리 취급하여야 할 아무런 이유가 없다. 도박죄를 처벌하는 이유는 정당한 근로에 의하지 않은 재물의 취득을 처벌함으로써 경제에 관한 건전한 도덕법칙을 보호하기 위한 것이다.(대법원 82도2151 판결 참조)

이러한 관점에서 전반 9홀은 1타당 50만 원, 배판 100만 원, 후반 9홀은 1타당 100만 원, 배판으로 200만 원, 전반 9홀 최소타 우승자에게 상금 500만 원, 후반 9홀 최소타 우승자에게 상금 1,000만 원을 주기로 정한 후 4명이 32회에 걸쳐 합계 약 8억여 원 상당의 골프도박을 한 것이 서울남부지법에서는 '우연성'을 인정하지 않아 무죄선고를 했지만, 서울고법(2005노2065 판결)과 대법원(2006도736 판결)은 당사자의 능력이 승패의 결과에 영향을 미친다고 하더라도 다소라도 우연성에 의하여 영향을 받게 되는 때에는 도박죄가 성립할 수 있고, 내기골프는 도박죄의 구성요건이 요구하는 행위의 정형성을 갖추고 있다고 보아 징역 1년 6월에 집행유예 3년을 선고했다.

R&A와 USGA가 제정한 아마추어자격규칙(Rules of Amateur Status)에 나오는 도박에 대한 방침(Policy on Gambling)은 '인정될 수 있는 도박의 형태'를 아래와 같이 규정하고 있다.
- 일반적으로 플레이어들이 서로 잘 알고 있는 사이다.
- 그 도박이나 내기는 본인이 선택적으로 할 수 있으며 그 플레이어에 한정되어 있다.

- 플레이어들이 받는 돈의 유일한 출처는 플레이어들이 미리 내어놓은 돈이다.
- 그 행위에 관련된 돈의 액수가 통상적으로 과도한 것으로 생각되지 않는다.

따라서 내기골프로 범법자가 되지 않으려면 서로 잘 아는 사람들끼리 통상적으로 과도하지 않은 액수로 해야 도박이 아니라 오락으로 인정받을 수 있다. 결국 그 목적이 즐기기 위한 것이며 재정적 이익을 위한 것이 아니어야 한다는 것이다. 골프 라운드 동안 하는 내기는 경기에 긴장감을 주어 샷에 집중할 수 있는 긍정적인 효과도 있지만, 판돈이 커지면 도박으로 변질되어 동반자와 원수지간이 될 수 있음을 유의해야 한다. 더구나 속임수로 승부를 조작하면 도박죄보다 무거운 사기죄(형법 제347조)가 적용돼 10년 이하의 징역 또는 2천만 원 이하의 벌금에 처하게 된다.

골프는 평균타수를 의미하는 핸디캡(handicap)이 있어서 내기 할 때도 고수가 하수에게 미리 실력 차이만큼 돈을 주고 시작하거나 끝나고 나서 타수 차이만큼 일정액을 돌려주는 것이 있어서 1팀 4인 중에서 한 명이 판돈 전부를 잃을 가능성은 매우 낮다. 하지만 게임에 지고 적은 액수라도 잃고 기분 좋은 사람은 아무도 없기 때문에, 승자는 패자를 배려하여 내기로 나온 돈은 라운드가 끝난 후 캐디피와 식사 비용으로 쓰는 것이 가장 좋다. 필자가 존경하는 아마추어 고수 조회장님은 게임 시작할 때 5천 원짜리 한 장을 집게에 꽂아두고 시작하지만, 게임이 끝나면 캐디피를 제외한 돈은 모두 공평하게 돌려주고 식사는 자신이 계산하는 분이다. 그래서 신사장과 송프로가 겁 없이 배판에 '땅'을 칠 수 있는 것이다. 생활비가 필요하면 골프코스가 아니라 공사장으로 가라.

31. 타이거 우즈의 부상과 골프장 안전사고

타이거 우즈가 2021년 2월 23일 자동차사고를 당했다. 현대자동차가 후원하고 우즈의 자선재단이 대회를 운영하는 미국프로골프(PGA) 투어 제네시스 인비테이셔널 종료 후 그 다음 날 일정을 위해 오전 7시 쯤 캘리포니아주 LA카운티에서 제네시스 GV80을 직접 운전해 이동하던 중 도로 아래로 6m 정도 구르는 사고가 났다. 이 사고로 발목, 정강이뼈, 종아리뼈에 복합골절을 당해 정상적으로 걷기까지도 최소 몇 달, 재활에는 1~2년 정도 걸릴 것으로 전문가들은 예측하고 있다.

타이거 우즈의 삶에서 교통사고는 특이한 시련의 기억들이었다. 2009년 11월 플로리다주 올랜도 인근 자택 앞 도로에서 소화전과 가로수를 들이받은 사고는 세상을 떠들썩하게 한 우즈의 섹스스캔들이 알려지는 신호탄이 됐고, 2017년 5월엔 자택 인근 도로에서 타이어가 터진 자동차에서 의식을 잃은 상태로 경찰에 발견되어 음주운전 혐의로 체포됐지만 여러 가지 수면제와 진통제를 복용해 생긴 의식불

명으로 밝혀졌었다. 그 후 세계랭킹이 1000위 밖까지 추락했다가, 우즈는 2018년 PGA챔피언십 우승, 2019년 마스터스와 조조 챔피언십 우승으로 부활했다.

타이거 우즈의 메이저 15승 기록은 잭 니클라우스(18승)에 이어 2위, PGA 통산 82승은 샘 스니드와 공동 1위를 기록 중이어서 모든 골프 팬들은 1승을 더 하여 역사상 전무후무한 83승이라는 기록이 세워지길 고대하고 있던 차에 또 다시 자동차 사고를 당하면서 재기 가능성이 불투명해진 것이다. 타이거 우즈의 사고 이후 로리 맥길로이, 패트릭 리드, 제이슨 데이, 토니 피나우 등의 선수들은 우즈가 마지막 라운드에 입고 나오는 붉은 셔츠에 검은 바지를 입고 라운드를 하며 타이거 우즈의 쾌유를 응원했고, 브라이슨 디샘보와 매트 쿠차는 'TIGER'를 새겨 넣은 볼로 라운드를 했다.

골프코스에서의 라운드 도중에도 사고 위험은 항상 있다. 가장 대표적인 것이 카트와 타구 사고다. 카트 추락 사고는 자동차손해배상보장법의 적용대상이 되고, 법원은 골프장의 전동카트도 자동차관리법에 정하는 자동차에 해당하며 골프장에서 손해를 배상할 책임이 있다고 판단하고 있다.

한편, 타구사고는 피해자가 골프장 측 보험사와 볼을 친 가해자를 상대로 손해배상을 청구하는 것이 일반적이다. 레저나 스포츠를 즐기던 중 부상사고가 발생했을 때, 민법 756조에 따른 '사용자책임'에 따라 실제 행위자 못지않게 그 상황을 지배하거나 관리하는 책임자 또는 그 책임자가 소속돼 있는 회사에게 손해배상을 청구하는데, 판례의 추세는 관리책임자와 그 소속회사에게 책임을 물리고 있다. 물론, 회사나 캐디가 관리의무에 충실했고 타구에 맞을 위험성이 있는 곳으로 이동한 피해자의 과실이 인정되면 손해배상액은 달라진다.

지난 해 4월 용인소재 L골프장에서 라운드 도중 뒤 팀의 볼에 맞아 실명위기에 처한 이모씨가 골프장과 볼을 친 김씨를 상대로 형사소송을 제기했으나 볼을 친 사람만 약식 기소되고 골프장측은 무혐의 처리됐다. 이모씨는 동코스 11번(파4) 블라인드 홀에서 페어웨이 왼쪽 벙커 근처에서 세컨드 샷을 하고 걸어가다가 뒤 팀 티잉구역에서 외치는 '볼' 소리에 뒤를 돌아다보는 순간 왼쪽 눈을 정통으로 맞아 8개월의 치료가 필요하고, 경과 여하에 따라 실명할 수도 있는 '각막열상' 진단을 받았다. 담당캐디는 "앞 팀 캐디의 상반신이, 그리고 두 골퍼의 머리 부분이 보이는 상태에서 김씨가 연습스윙을 세 번 하기에 계속 연습스윙을 하는 줄 알았는데 갑자기 딱하는 소리와 함께 볼을 날렸다"고 그때의 상황을 설명했다. 결국 검찰은 "피해자 일행이 안전거리 밖에 있는지 확인을 소홀히 했다"며 김씨의 과실을 인정, 벌금 60만원에 약식 기소했고, 골프장 측은 혐의가 없다는 판정을 받았다. 피해자 이씨는 당초 "사고가 날 수 있는 개연성이 있는데도 경기요원을 배치하지 않았고, 캐디가 타구를 방조한 잘못이 있다"며 골프장 측을 고소했으나 검찰은 골프장 측에는 형사책임이 없다고 본 것이다. 물론, 고소인 이씨는 형사상의 유무죄 판결에 관계없이 민사상 손해배상을 청구할 수 있다.

골프규칙 5.6a(플레이의 부당한 지연)에 따르면 '플레이어가 부상을 당하였거나 몸이 아픈 경우'에는 플레이어가 플레이를 잠시 지연시키는 것이 허용된다. 플레이어가 열사병에 걸리거나, 벌에 쏘이거나, 볼에 맞는 경우 위원회는 플레이어에게 15분의 회복시간을 주는데, 부상 완화를 위해 처치를 반복적으로 하는 경우 총 시간을 15분으로 제한하여 적용한다.

여성 캐디만 보면 입이 트이고 활력 충만한 어느 골퍼가 카트가 내리막길을 내려갈 때 캐디가 '손잡이를 잡아주세요'라고 하자 여성 캐디의 손을 잡아 주었단다. '손을 잡아주세요'로 들었다고 하면서. 이 양반아~! '성폭력범죄의 처벌 등에 관한 특례법'(약칭: 성폭력처벌법) 제11조(공중 밀집 장소에서의 추행)에 의하면 3년 이하의 징역 또는 3천만 원 이하의 벌금이야. 손 말고 손잡이만 잡아~!

32. 사라져버린 재밌는 규칙들

골프규칙은 1744년 스코틀랜드에서 최초로 13개 조항이 만들어진 이래 영국왕실골프협회(R&A)와 미국골프협회(USGA)가 독자적으로 다른 규칙을 제정하다가 1952년 공동규칙을 만들기 시작했다. 그 이후 4년마다 수정, 보완했고 1984년 모든 규칙을 대폭 재편성해 34개 조를 완성했다. 2019년 1월 1일부터 규칙 간소화, 경기속도 단축 등을 골자로 하는 대대적인 개정을 확정해서 34개조 124개항과 108개호에 이르던 규칙을 24개조 99개항으로 축소했다.

1744년부터 2021년에 이르기까지 많은 골프규칙들이 수세기에 걸쳐 변경되거나 완전히 사라졌다. 옛날 규칙들을 살펴보는 것이 골프 발전의 역사를 되 짚어보는 것이 될 수 있기 때문에 지금은 사문화(死文化)된 흥미로운 규칙을 소개해 보겠다.

1) 홀 한 클럽 길이 이내에서 다음 티샷을 하라

이것은 1744년 작성된 최초라고 알려진 규칙의 첫 번째 항목이다. 초기 링크스 코스에는 별도의 티잉구역이 없었다. 홀에 볼을 넣고 난 후, 플레이어는 그 홀에서 한 클럽 거리 이내에서 바로 다음 홀로 출발하는 티샷을 해야 했다. 시간이 흐르면서 홀에서 점점 더 먼 곳에서 티샷을 했고, 각 홀의 시작을 표시하는 티잉구역을 설치하기 시작하면서 이 규정은 사라졌다. 지금은 티잉구역의 티마커를 연결한 바깥쪽 선과 뒤 쪽으로 두 클럽 길이 이내의 사각형 구역 안에서 티샷을 하면 된다.(6.1)

2) 소금을 던지듯 어깨 너머로 볼을 던져라

볼을 드롭하는 방식은 골프 역사와 함께 변화해 왔다. 1744년 제정 규칙에 드롭의 방식은 명기되지 않았고, 1809년 처음으로 '플레이하는 홀을 향해 서서 머리 너머 후방으로 하라'고 방법을 명시했지만, 골퍼들에 따라서 머리 너머, 어깨 너머 제 각각의 방식이 시행되다가 1908년 어깨 너머로, 1984년 어깨 높이로 팔을 펴서하는 간단한 방식이 되었다가 2019년 무릎 높이에서 볼을 떨어뜨리는 방식이 되었다.(14.3b/2)

3) 상대방 캐디의 머리를 맞히면 이긴다

이 황당한 내용은 1812년의 세인트 앤드류스 규칙에 포함되어 있었는데, 만약 플레이어의 볼이 상대방이나 그의 캐디를 맞히면, 상대는 홀을 잃고, 자신의 캐디를 맞히면 플레이어는 홀을 잃는다. 하지만 현재 2019개정규칙에서는 플레이어의 움직이고 있는 볼이 우연히 사람이나 외부의 영향을 맞힌 경우, 어떤 플레이어에게도 페널티는 없다.(11.1a)

4) 사람이나 동물의 배설물에 볼이 떨어지면 1벌타

브런츠필드 링크스(Bruntsfield Links)의 1776년 규칙에 따르면 볼이 사람이나 동물의 배설물에 들어가면 1벌타 후 밖으로 꺼내 플레이를 해야 했다. 하지만 현재는 동물의 사체와 배설물은 루스임페디먼트(Loose Impediment)로서 벌타 없이 치우고 플레이할 수 있다.(15.1a)

5) 캐디에게 사용한 볼을 주지마라

1773년에 초안 된 브런츠필드 링크스 규칙은 "골퍼는 어떤 낡은 볼도 캐디에게 주면 안 된다. 만약 그렇게 한다면, 그들은 그 볼에 대해 6펜스를 추징당할 것이다."라고 하고 있다. 아마도 그 당시에 골프 볼의 가격이 비쌌기 때문일 것이다. 가죽에 삶은 깃털을 채워 넣어 만든 페더리(feathery) 깃털 볼 1개가 약 4~5실링이었는데 요즘 가치로 환산하면 약 50~60달러에 해당한다. 또 다른 규칙에는 캐디에게 1페니 이상을 지불하지 말라고 한 걸 보면 그 당시의 골퍼들이 캐디에게는 야박했던 것 같다.

6) 프로는 프로하고만 플레이하라

"선수는 위원회가 특별히 승인하지 않는 한 프로와 함께 플레이해서는 안 된다." 1904년에 프로와 함께 세인트 앤드루스 코스를 플레이하고 싶었다면 불가능했을 것이다. 규칙은 아마추어와 프로가 함께 플레이하는 것을 금지했다. 이 규칙이 폐지되지 않았다면 요즘 프로 시합 전에 이벤트 경기로 열리는 프로암 토너먼트는 볼 수 없었을 것이다.

7) 볼과 홀 사이에 장해물이 있는 상태인 스타이미(stymie)

초기 규칙에서는 자신의 볼이 상대방 볼에 직접 닿은 경우에만 일시적으로 볼을 제거할 수 있었고, 1775년에 상대방 볼이 6인치 이내에 있으면 제거할 수 있도록 규칙이 변경되었다. 그래서 볼과 홀과 사이에 상대방 볼이 있으면 볼을 피해가거나 웨지를 사용해 볼을 띄워 넘어가야했다. 이것을 "스타이미(stymie)"라고 했으며, 1952년 R&A와 USGA가 공동으로 골프규칙을 개정한 이후부터 퍼팅그린 위에서 다른 골퍼의 볼이나 볼 마커가 퍼팅라인을 방해하면 주변의 지형물을 이용하여 클럽헤드 길이만큼 옮겨줄 수 있게 되었다.(15.3b, 15.3c)

현대 골프계의 가장 큰 현안은 플레이 시간 단축이다. 18홀 라운드를 하는 데 걸리는 시간은 스포츠 종목 가운데 가장 긴 시간이라고 할 수 있다. 42.195km의 가장 긴 거리를 달리는 마라톤도 2시간 30분 이내고, 경기 시간이 길다고 올림픽 종목에서 수난을 겪고 있는 야구도 2019시즌 한국프로야구 평균 경기 시간이 3시간 11분이다.

플레이 시간을 단축하기 위해 볼 찾는 시간을 5분에서 3분으로 줄였고, 순서가 된 플레이어가 샷을 하기까지 40초를 넘지 않도록 했다. 또한, 드롭 위치를 무릎 높이로 낮춰 두 번째 드롭과 볼이 지면에 박힐 가능성을 줄였고, 깃대를 홀에 꼽아둔 채 퍼팅을 할 수 있도록 해서 경기 시간을 단축시켰다. 나아가 로컬룰이 있을 경우에만 허용했던 거리측정기의 사용을 규칙에 포함시켰다.

골프를 취미로 즐기는 주말골퍼들이 2019 개정규칙 24개조 99개항을 모두 알 필요는 없다. 하지만 법률 격언 중에 '권리 위에 잠자는 자는 보호받지 못한다'라는 말이 있다. 권리를 소유한 자가 그 권리를 절차에 따라 적극적으로 주장하지 않으면 권리보호를 받을 수 없다는 뜻이다. 골프규칙은 모르는 자에겐 족쇄가 되고 아는 자에겐 날개가 될 수 있다. 규칙은 정말 아는 것이 힘이다.

Hole 9
par4

홀 플레이 시작하기

33. 티샷 순서 정하기
34. 티잉구역에서 배꼽 나오면 2벌타
35. 티샷 헛스윙 1타와 갈비뼈 골절
36. 연습스윙을 하다가 볼을 건드린 경우

33. 티샷 순서 정하기

미국 조지아주 오거스타 내셔널 골프클럽에서 열리는 마스터스(the Masters)에는 1963년부터 오프닝 티샷을 하는 전통이 있다. 우리나라 야구나 축구 경기에서 볼 수 있는 시구나 시축 같은 행사다. 세계 최고의 골프대회라고 할 수 있는 마스터스의 시작을 알리는 첫 티샷은 그 만큼 영광스런 일이기 때문에 아무나 할 수 있는 것은 아니다. 2019년에는 마스터스 6회 우승 포함 메이저 18승이라는 최고의 기록을 보유한 황금곰 잭 니클라우스(Jack Nicklaus, 미국, 1940~)와 마스터스 3회 우승의 흑기사 게리 플레이어(Gary Player, 남아공, 1935~)가 영광스런 티샷(honorary starters)을 했다.

골프 라운드를 시작할 때 티잉구역에서 첫 번째로 플레이할 수 있는 권리를 아너(Honor)라고 한다. 영어 뜻 그대로 명예이자 영광이다. 우리나라에서는 'honor'를 '오너'(owner, 소유주)라고 발음하다 보니 티샷하러 올라가면 그 골프장의 주인이 된다. 골프규칙 6.4(홀에서 플레이하는 순서)에 따르면 첫 번째 홀의 아너는 위원회가 정한 조 편성 상의 순서에 따라 결정되며, 조 편성이 없는 경우에는 합의로 또는 동전던지기나 추첨 같은 임의의 방법으로 정하면 된다. 두 번째 홀부터는 직전 홀에서 가장 좋은 스코어를 기록한 플레이어가 먼저 티샷을 한다. 우리나라 주말골퍼들의 첫 번째 홀에서 플레이 순서를 정하는 방식은 매우 다양하다. 순서가 표시된 막대기를 뽑거나 티를 던져 뾰족한 부분이 가리키는 사람이 먼저 치기도 하고, 골프백이 실린 순서나 배치표의 이름순으로 하기도 한다. 해병대 선배 한 분은 늘 관 뚜껑 먼저 덮는 순서로 치라고 하신다.

매치플레이에서는 플레이 순서가 기본적인 요소이다. 플레이어가 순서를 지키지 않은 경우 상대방은 그 스트로크를 취소시키고 다시 플레이하도록 할 수 있다. 스트로크플레이에서는 순서를 지키지 않고 플레이한 것에 대한 페널티가 없으며 플레이어들이 시간을 절약하기 위하여 순서와 관계없이 플레이하는 '준비된 골프', 즉 안전을 확보한 상태에서 순서와 관계없이 플레이하는 것을 허용하며 권장한다. 상대방이 그 스트로크를 취소시킨 경우, 플레이어는 반드시 취소된 스트로크를 했던 곳에서 자신의 순서에 다시 플레이해야 한다.(6.4a/2)

'11m 러시안 룰렛'으로 비유되는 축구의 승부차기에서도 먼저 차는 팀이 유리하다는 것이 정설이다. 1970년부터 2013까지 월드컵을 포함한 주요 축구경기에서의 승부차기를 연구한 이그나시오(Ignacio Palacios-Huerta) 런던 정경대 교수는 그의 책 『아름다운 게임이론』

(Beautiful Game Theory: How Soccer Can Help Economics, 2014)에서 '승부차기는 5:5가 아니라 6:4의 게임이다. 먼저 찬 팀의 승률이 60%다. 승부차기에서 가장 중요한 장면은 순서를 정하기 위한 동전 던지기다'라고 했다. 그는 브라질 축구스타 네이마르(Neymar)는 보통 골키퍼의 오른쪽으로만 킥을 하지 왼쪽으로 차는 것을 본 적이 없다고도 했다.

'승부차기의 심리학'에 의하면 먼저 차는 팀이 상대팀보다 심리적 부담이 덜하기 때문에 성공할 확률이 높다는 것이다. 우연의 일치인지는 몰라도 우리나라도 2002년 6월 월드컵 8강 스페인전 승부차기에서는 먼저 차서 4강에 진출했지만, 같은 해 월드컵 멤버들로 출전한 2002년 10월 부산아시안게임 이란과의 준결승전 승부차기에서는 나중에 차서 3:5로 패했다. 이 때 한국의 두 번째 키커로 실축한 이영표의 슛은 한국의 결승 진출 실패로 입대가 확정된 이동국 때문에 '이동국 군대 가라 슛'이란 이름이 붙었다.

우리말 중에 '매도 먼저 맞는 놈이 낫다'라는 속담이 있는데, 이 말은 어차피 당해야 할 일은 빨리 치르는 것이 좋다는 뜻이다. 골프가 정신력이 매우 중요하게 작용하는 멘탈게임이기 때문에 먼저 티샷 하는 '아너효과(honor effect)'가 있을 것이고, 특히나 긴장감이 배가 되는 연장전에서는 플레이 순서가 더 큰 영향을 미칠 것이다. 물론 개인적인 성향에 의해 티샷 순서에 따른 차이가 존재하지 않을 수 있겠지만 똑같이 좋은 샷을 한다는 조건이라면 분명히 먼저 치는 사람이 나중에 치는 사람에게 시각적, 심리적 부담을 주기 때문에 조금이라도 유리한 점이 있다. 물론 아너효과를 포기하고 첫 티샷을 OB 내서 동반자들에게 기쁨과 행복을 주는 그대는 마더 테레사(Mother Teresa)를 사랑하는 진정한 휴머니스트다.

34. 티잉구역에서 배꼽 나오면 2벌타

배꼽은 '배의 복판'이라는 순 우리말 '뱃복'에서 온 말이다. 아기에게 영양분을 공급하기 위해 엄마와 아기를 연결해준 탯줄이 아기가 태어난 후 흔적으로 남은 것이 바로 배꼽이다. 일종의 흔적 기관으로 수행하는 기능은 없고 신체의 위치 기준점으로 사용하기도 한다. 조선시대에는 사람이 태어나는 데 중요한 역할을 했기 때문에 노출이 금기시되었던 부위였지만, 1990년대 이 후 X세대들, 특히 여성 연예인들이 배꼽티를 입으면서 배꼽노출이 일상화되었다.

골프코스는 1개의 일반구역(General Area)과 4개의 특수구역(Four Specific Areas; 티잉구역, 페널티구역, 벙커, 퍼팅그린)으로 구성된다. 티잉구역은 4개의 특수구역 중의 하나로서 골프규칙 6.1b에서는 '플레이어는 반드시 티잉구역 안에서 볼을 플레이함으로써 각 홀을 시작하여야 한다'고 규정하고 있다. 여기서 티잉구역은 티 마커 바깥쪽을 경계선으로 하여 후방 두 클럽(드라이버 기준) 이내의 사각형지역을 말하는

데, 좌우 경계는 티 마커 바깥선이다. 볼의 일부라도 티잉구역에 닿아 있으면 그 볼은 티잉구역에 있는 것이며, 플레이어는 스트로크를 할 때 티잉구역 밖에 설 수 있다. 하지만 티잉구역 밖에서 볼을 플레이한 경우 매치플레이에서는 페널티 없이 상대방이 그 스트로크를 취소시킬 수 있고, 스트로크플레이에서는 일반페널티(2벌타)를 받고 티잉구역 안에서 다시 플레이해야 한다.

6.2b(3) 티잉구역 규칙에서는 스트로크를 하기 전에 플레이어가 티잉구역의 상태를 개선할 수 있는 경우를 명확히 규정하고 있다.
- 티잉구역의 지면을 클럽이나 발로 고르게 할 수 있고,
- 티잉구역의 지면에 붙어있거나 자라고 있는 풀·잡초·그 밖의 자연물을 움직이거나 구부리거나 부러뜨릴 수 있고,
- 티잉구역에 있는 모래나 흙, 이슬이나 서리 또는 물을 제거할 수 있다.

하지만, 티잉구역의 위치를 표시해주는 티 마커(tee marker)를 움직이는 것에 대해서는 플레이할 모든 플레이어에게 동일한 위치를 제공하기 위해 제한을 두고 있다. 티잉구역에서 플레이하기 전에 그 티잉구역의 티 마커를 하나라도 움직임으로써 스트로크에 영향을 미치는 상태를 개선한 경우, 플레이어는 규칙 8.1a(1)의 위반으로 일반 페널티(2벌타)를 받는다. 그렇지만 티 마커를 움직였어도 스트로크하기 전에 다시 원위치 시키면 벌타를 받지 않는다. 특히나 티샷 이외의 상황에서는 티 마커가 움직일 수 있는 장해물이므로 거리나 페널티구역 표

시말뚝처럼 제거하고 샷을 할 수 있다.

"배보다 배꼽이 크다"라는 우리 속담이 있다. 어떤 목표를 이루는 과정에서 손실이 지나치게 큰 경우를 가리키는 말이다. 티잉구역 2cm 앞에 티를 꽂아 티샷 비거리 2cm 늘이려다 2벌타 받으면 배꼽이 커도 너무 크지 않은가? 20대 딸은 날씬한 몸매를 자랑하기 위해 '배꼽티'를 입고, 50대 엄마는 뱃살을 감추기 위한 '배쏙티'를 입는다고 한다. 가슴을 드러내는 것보다 배꼽을 보이는 것을 더 수치스럽게 여겼던 우리 조상들처럼 이제 티잉구역에서 배꼽 내미는 일은 그만하고 '배쏙'을 실천하는 골퍼가 되자.

35. 티샷 헛스윙 1타와 갈비뼈 골절

주말 골퍼들이 하는 최악의 미스 샷은 헛스윙(air shot, air ball, whiff)이다. 골프, 야구, 소프트볼, 크리켓 등에서 볼을 맞히지 못하고 공기만 갈라놓는 스윙을 말한다. 농구에서도 바스켓이나 백보드를 맞히지 못한 슛을 에어 볼이라고 한다. 헛스윙은 초보 골퍼들이 많이 하지만 골프 구력이 늘수록 비거리가 줄어드는 50대 이후 골퍼들도 가끔 하는 실수다. 특히 50대 남자의 경우 통계적으로 늑골(갈비뼈)의 골절이 가장 많은데 그 이유는 신체적인 조건이 떨어지기 시작함에도 젊었을 때의 강력한 스윙과 비거리를 유지하고 싶은 욕심에 무리하게 스윙을 하기 때문이다.

골프규칙 용어의 정의에 의하면 스트로크(stroke)란 '볼을 치기 위하여 그 볼을 보내고자 하는 방향으로 클럽을 움직이는 동작'을 말한다. 그러나 다음과 같은 경우는 스트로크를 한 것이 아니다.
- 플레이어가 다운스윙 도중에 볼을 치지 않기로 결정하여 클럽헤드

가 볼에 도달하기 전에 의도적으로 멈추었거나 클럽헤드를 도저히 멈출 수 없어서 의도적으로 볼을 맞히지 않은 경우
- 플레이어가 연습스윙을 하거나 스트로크를 하려고 준비하는 동안에 우연히 볼을 치게 된 경우

그러므로 스탠스를 취한 후 백스윙-다운스윙 과정에서 플레이어가 스트로크를 정지하거나 취소했으면 그것은 타수에 포함되지 않는다. 하지만 클럽이 볼 위로 지나갔지만 볼을 맞히지 못한 헛스윙은 볼을 치려는 의도가 명백했기 때문에 스트로크를 한 것으로 간주된다.

티샷을 헛스윙 한 경우 볼이 티 위에 그대로 있다면 다시 두 번째 티샷을 하면 된다. 하지만 볼이 티에서 떨어 진 경우에는 두 가지로 나누어 살펴봐야 한다. 그 빗맞힌 볼이 여전히 티잉구역에 있으면 그 볼이나 다른 볼을 티잉구역 어디에서든 티에 올려놓거나 또는 지면에 내려놓고 두 번째 샷을 할 수 있지만(6.2b/6) 빗맞힌 볼이 티잉구역을 벗어났다면 볼이 멈춘 그대로 플레이해야 하고, 만일 티 마커가 스탠스나 스윙에 방해가 된다면 제거하고 플레이 할 수 있다.

중요한 건 어드레스 자세를 취하고 티샷을 헛스윙한 상황이다. 볼을 치려는 의도가 있었다면 1타를 친 걸로 간주하지만 의도가 없었다면 그냥 연습스윙이다. 하지만 목표 방향으로 한 스윙이 헛스윙인지 연습스윙인지는 본인만이 알 수 있다. 따라서 오해가 생기지 않게 하기 위해서는 목표방향이 아닌 다른 곳을 향해 연습스윙을 하는 게 현명

하다. 그리고 연습스윙은 사람이 없는 쪽으로 볼에서 조금 떨어져서 하는 것이 안전하다.

믿거나 말거나, 프로 골퍼들도 헛스윙을 한다. 2009 플레이어스 챔피언십에서 로리 맥길로이가 퍼팅그린 근처 두꺼운 러프 위에 떠 있는 볼에 웨지로 어프로치샷을 할 때 클럽이 그냥 볼 밑으로 지나간 경우가 있었고, 2020 KPGA 부산경남오픈 3라운드 18번 홀에서 '낚시꾼 스윙'으로 유명한 최호성 프로는 '티샷 헛스윙'으로 화제를 모았다. 장타를 위해 좀 더 큰 동작으로 스윙했는데, 클럽이 볼에 닿지 않고 볼만 티 바로 앞에 떨어졌다. 티잉구역 안쪽이어서 최호성은 벌타 없이 다시 티 위에 볼을 올려놓고 두 번째 티샷을 했다.

문막IC 근처에 있는 C골프장에서 종종 후배들을 위해 라운드 자리를 마련해 주시는 조회장님은 미스 샷을 하는 골퍼에게 늘 이런 말씀을 하신다. "이 사람아, 밤이 즐거우면 낮이 힘든 거야." 다음 날 라운드가 있는데도 밤늦게까지 놀았으니 컨디션이 엉망이어서 볼이 안 맞는 게 당연하다는 것이고, 내일을 준비하지 않는 사람에게 닥친 오늘은 힘든 시간이 될 수밖에 없다는 귀한 말씀이다. 헛스윙은 당신이 그 전날 어디서 무슨 짓을 했는지도 말해준다는 사실을 잊지 마라.

36. 연습스윙을 하다가 볼을 건드린 경우

영어 속담 중에 'Practice makes perfect'(연습이 완벽을 만든다)는 무언가를 반복해서 연습하면 잘하게 된다는 의미로 쓰이지만 골프 라운드에서 홀을 플레이하는 동안은 코스 안팎에 있는 어떤 볼에도 실제로 볼을 때리는 연습 스트로크를 해서는 안 된다. 하지만, 볼을 치려는 의도 없이 한 연습스윙, 연습장이나 다른 플레이어 쪽으로 볼을 보내주는 것, 홀의 결과가 결정된 홀에서 플레이어가 한 스트로크는 허용된다.

플레이어는 홀과 홀 사이에서 연습 스트로크를 해서는 안 되지만, 방금 끝난 홀의 퍼팅그린과 모든 연습 그린 그리고 다음 홀의 티잉구역에서는 퍼팅·치핑 연습을 할 수 있다. 그러나 벙커에서는 연습 스트로크를 해서는 안 되며, 연습 스트로크로 인하여 플레이를 부당하게 지연시켜서도 안 된다.

볼이 움직이지 않았어도 헛스윙은 당연히 스윙으로 간주하여 다음 샷은 2타째가 되지만, 볼을 칠 의도가 없는 연습스윙은 헛스윙과 다르다. 티잉구역 내에서는 벌타 없이 볼을 집어 다시 티 위에 올려놓고 샷을 할 수 있고, 퍼팅그린에서도 원래의 지점에 다시 놓고 퍼팅을 하면 된다.(13.1d/1) 하지만 그 이외의 구역에서는 연습스윙을 하다가 볼을 건드리면 1벌타를 받고 리플레이스해야 한다.

잭 존슨은 2019 마스터스 2라운드 13번 홀에서 연습스윙을 하다가 볼을 건드렸지만 무벌타 티샷을 했다. 존슨은 티샷 하기 전 볼 바로 위로 클럽헤드가 지나가게 연습스윙을 하곤 하는데 그날은 연습스윙을 할 때 클럽헤드가 볼을 살짝 건드리면서 티 위에 있는 볼이 떨어져 굴러가다가 티잉구역 안에서 멈췄다. 위원회에서는 '인플레이 전이기 때문에 벌타 없이 다시 티업하면 된다'고 정리했다.(6.2b/5)

라운드를 하는 동안 코스 내에서의 연습스윙 즉 빈 스윙은 몸 풀기를 위한 행동이 아니라 프리 샷 루틴(Pre-Shot Routine)의 일부분이어야 한다. 루틴(Routine)의 사전적 의미는 '1. 규칙적으로 하는 일의 통상적인 순서와 방법 / 2. 판에 박힌 일상'이고, 프리 샷 루틴은 '샷 이전에 규칙적으로 하는 행동패턴'이다. 루틴은 선수가 샷에 대한 확신을 갖게 하고 심리적인 안정을 이끌어내는 데 매우 효과적으로 작용한다. 프로선수들의 경기 모습을 보면 샷을 할 때나 퍼팅을 할 때나 어떤 상황에서도 그 루틴의 순서가 일정하다는 것을 알 수 있다.

"내가 좋은 샷을 할 수 있는 이유 중의 하나는 언제나 같은 루틴을 따르기 때문이다. 나의 루틴은 결코 변하지 않는 나만의 유일한 것이다. 그것은 내가 최상의 샷을 할 준비가 된 상태에서 매 순간 평정심을 유지 할 수 있도록 한다"라고 타이거 우즈는 말했다. 주말골퍼들도 자신만의 프리 샷 루틴을 갖는 것이 매우 중요하다.

2008년 작가 말콤 글래드웰(Malcolm Gladwell)은 『아웃라이어(Outlier)』에서 '1만 시간의 법칙(10,000-Hour Rule)'을 소개했는데, 무언가를 1만 시간 동안 꾸준히 연습하면 최고에 다다를 수 있다는 내용이다. 선천적 재능이 있느냐 없느냐보다는 여기에서 중요한 것은 꾸준히 1만 시간 동안 무언가를 반복해서 행한다는 것이다. 하루에 3시간씩 연습하여 1년이면 약 1천 시간, 그걸 10년 동안하면 1만 시간이다. 근육기억(muscle memory)라는 말도 있다. 이것은 어떤 행동이 수 없이 반복되면 의식적인 노력 없이도 몸이 기억하여 수행한다는 것이다. 골프의 고수가 되려면 생각과 전략은 머리가 하고, 기억과 실행은 몸이 하게 해야 한다. 그 순서가 바뀌면 망하는 것이다. 마음이 몸을 앞서면 몸이 마음을 아프게 한다는 사실을 잊지 말자.

BACK NINE

Hole 10
par4

볼 플레이

37. 퍼팅할 때 볼을 바꿀 수 있을까?
38. 볼을 찾는 과정에서 볼이 움직이면?
39. 원 볼 룰(one-ball rule) 위반하면 매 홀 2벌타
40. 디봇(divot)에 빠진 볼은?

37. 퍼팅할 때 볼을 바꿀 수 있을까?

티샷하고 플레이한 볼을 퍼팅그린에서 다른 볼로 바꿔서 퍼팅할 수 있을까? 규칙 6.3a에서는 '플레이어는 반드시 티잉구역에서 플레이한 볼로 그 홀을 끝내야 한다'고 규정하고 있다. 물론 모든 규칙에는 예외가 있듯이 볼을 분실하거나 규칙에 의해 구제받으면 볼을 교체할 수 있다. 또한 한 홀을 끝내고 다음 홀이 시작되기 전에도 볼을 바꿀 수 있다.

페널티를 받는 구제 상황에서만 볼을 바꿀 수 있었던 것과 달리 이제는 규칙에 따라 구제를 받을 경우 볼 교체를 허용한다. 비정상적인 코스 상태, 페널티구역, 박힌 볼, TIO* 등에서 구제를 받는 경우와 퍼팅그린에서 구제를 받는 경우 볼을 교체하여 다른 볼을 사용할 수도 있다. 구제를 받아 드롭할 경우에도 볼을 교체해서 드롭할 수 있고, 두 번째 드롭할 때는 첫 번째 드롭할 때의 볼을 사용하지 않고 다른 볼을 쓸 수도 있다.

골프에서 가장 중요한 장비는 골프 볼이라고 할 수 있다. 왜냐하면 골프의 모든 샷에서 사용하는 장비는 골프 볼뿐이기 때문이다. 따라서 최고의 장비를 선택해야 하는 프로골퍼에게 골프 볼은 가장 중요한 장비라고 해도 과언이 아니다. 헤럴드 경제 인터넷 판에 실린 '박노승의 골프 칼럼'에는 타이틀리스트 볼이 시장점유율 1등을 유지하게 된 극적인 이야기가 실려 있다.

지금은 엄지척하고 어설픈 한국말로 '좋아요, 최고예요'를 외치며 브리지스톤 볼을 사용하는 타이거 우즈가 1995년 프로로 전향하며 나이키와 스폰서 계약을 맺었지만 나이키에는 아직 프로 선수가 사용할 만한 볼이 없었다. 그래서 그 당시 대부분의 프로선수들처럼 타이틀리스트 프로페셔널 모델을 사용하고 있었다. 그 볼보다 더 멀리 나가고, 바람의 영향을 적게 받고, 그린 근처에서는 더 많은 스핀과 소프트한 느낌을 주는 솔리드 코어 구조의 볼을 개발하기 위해 나이키는 일본 회사와 공동연구를 했다. 2000년 6월 페블비치 제100회 US 오픈에서 나이키의 새로운 볼을 플레이한 타이거 우즈는 2위와 15타 차이로 우승했고, 계속해서 다음 메이저 대회인 디 오픈과 PGA챔피언십을, 그리고 2001년 마스터스까지 4개의 메이저 대회를 연속 우승하여 타이거 슬램을 달성했다.

타이거의 새 볼은 골프계 최고의 화두가 되었고 프로선수든 아마추어든 모두가 타이거와 같은 모델의 솔리드 코어 볼을 원했다. 하지만 나이키가 대량생산을 못하는 사이에 2000년 10월 둘째 주 라스베이거스의 PGA 투어 대회에서 타이틀리스트는 5년 동안 개발한 솔리드 코어 투어 볼 Pro V1을 대회장에 가져와서 제공했고, 우승자도 새 볼을 플레이했던 빌리 안드레이드(미국)였다. 결국 나이키의 타이거 골프 볼 '투어 애큐러시 모델'은 꽃을 피워보지도 못하고 시장에서 사라졌고, 골퍼들은 나이키 골프 볼을 잊게 되었다. 나이키는 골프 볼의 킹이 될 수 있는 기회를 놓쳤고, 타이틀리스트는 솔리드 코어 볼 Pro V1으로 나이키의 도전을 막아내고 1950년대부터 2021년 현재까지도 1위의 자리를 지켜내고 있다.

역시 중요한건 타이밍이다. 입맞춤 타이밍을 못 맞춰 헤어진 연인도 있고, 이혼할 타이밍을 놓쳐 평생을 함께 사는 부부도 있다. 비트코인이나 주식의 매도와 매수 타이밍을 거꾸로 해서 빈털터리가 되기도 하고, 비굴모드로 어렵게 얻은 멀리건 찬스를 써보지도 못하고 집으로 가져 오는 골퍼도 있다. 모든 타이밍은 적당한 기다림 끝에 약간의 설렘을 더하며 찾아온다. 첫 사랑 그녀처럼 말이다.

---

* **TIO(Temporary Immovable Obstructions)**
  일시적으로 움직일 수 없는 장해물을 말하는데 관람석, 리더보드, 이동식 화장실, 텐트 그리고 음료배부용 테이블 등이다.

38. 볼을 찾는 과정에서 볼이 움직이면?

스포츠 중에서 구기(球技)종목은 둥근 공을 가지고 하는 운동이다. 구기에서 구(球)는 둥근 공을 의미한다. 그래서 우리가 살고 있는 둥근 땅도 지구(地球)라고 하는 것이다. 물론 둥근 모양이 아닌 타원형의 공을 사용하는 미식축구의 '풋볼(football)'이 있는데, 재미있게도 이 풋볼은 미국 대통령의 20kg짜리 핵폭탄 가방의 별명이다. 케네디 대통령시절 핵전쟁 작전명이 '드롭킥(dropkick)'이었기 때문에 그런 별칭이 붙었다고 한다. 풋볼에서 드롭킥은 손으로 공을 땅에 떨어뜨렸다가 공이 다시 튀어 오르는 순간에 차는 것을 말한다. 알루미늄 프레임 위에 검은 가죽을 덧씌운 이 서류가방 안에는 영화처럼 핵무기 발사 버튼이 들어 있는 것이 아니라 핵 공격 옵션 책자와 대통령 진위 식별카드, 안전벙커 리스트와 행동지침, 핵 공격명령을 전파할 수 있는 통신장치 등이 담긴 것으로 알려졌다.

둥근 지구위에 놓인 둥근 공은 약간의 경사만 있어도 구를 수밖에 없다. 그래서 다른 구기 종목들은 구르거나 움직이는 공을 맞히거나 때리거나 차거나 한다. 하지만 골프는 움직이는 볼을 건드리거나 정지한 볼을 움직이게 하면 오히려 벌타를 받는다. 만유인력의 법칙과 지동설에 역행하는 스포츠다.

골프규칙에서 '움직이다(moved)'란 정지했던 볼이 원래의 지점을 벗어나 다른 지점에 정지하였고, 누군가 그 볼이 움직이는 것을 실제로 목격하였는지 여부에 관계없이 그것을 육안으로 확인할 수 있는 경우를 말한다. 그 볼이 원래의 지점으로부터 위아래 또는 수평으로, 즉 어느 방향으로 움직였던 그 볼은 움직인 볼이다. 하지만 정지한 볼이 기우뚱거리기만 하다가 도로 원래의 지점에 정지한 경우에는 그 볼은 움직인 볼이 아니다.

플레이어가 스트로크 또는 스트로크를 위한 백스윙을 시작한 후 플레이어의 정지한 볼이 움직이기 시작하였는데 그대로 스트로크를 한 경우에는 그 볼을 움직이게 한 원인이 무엇이든 그 볼이 정지한 곳에서 플레이하여야 한다. 플레이어가 자신의 정지한 볼을 집어 올리거나 고의로 건드리거나 움직이게 한 경우, 플레이어는 **1벌타**를 받는다. 하지만, 퍼팅그린이나 규칙에 따른 구제나 마크 후 볼을 집어 올리거나 움직이게 한 경우에는 페널티가 없다. 또한 3분 이내에 볼을 발견하거나 확인하는 과정에서 플레이어가 그 볼을 우연히 움직이게 한 경우에도 페널티가 없고, 퍼팅그린 이외의 곳에서 움직일 수 있는 장해물 제거와 같이 규칙을 적용하는 동안 우연히 움직인 경우에도 페널티가 없다.

2019 개정규칙 이전에는 플레이어가 볼을 찾는 도중에 볼을 움직이게 되면 1벌타를 받았다. 하지만 이제는 볼이 우연히 움직일 경우 벌타는 없다. 골프규칙의 목적인 '코스는 있는 그대로, 볼은 놓인 그대로 플레이해야 한다'라는 원칙 적용과 플레이어가 자신의 볼을 찾기 위해 깊은 러프나 숲속, 낙엽 등을 헤집는 합리적인 행동이 볼을 움직이게 할 수 있다는 가능성에 대한 인정이 현실적으로 결합된 조항이다.

규칙 7.4에 의하면 볼을 발견하거나 확인 도중에 우연히 볼이 움직인 경우에는 페널티가 없지만 움직인 볼은 제자리나 원래의 자리로 추정한 지점에 리플레이스 해야 한다. 그렇지 않은 채 스트로크하면 일반 페널티(2벌타)를 받는다.

골퍼가 코스에서 분실한 볼을 로스트볼이라고 하는데 시중에서는 이 로스트볼 1개당 몇 백 원에서 몇 천 원까지의 가격으로 판매되고 있다. 그렇다면 골프장에서 잃어버린 볼의 소유권은 누구에게 있을까? 민법 제252조 1항 '무주의 동산을 소유의 의사로 점유한 자는 그 소유권을 취득한다'는 무주물의 귀속(無主物의 歸屬)에 관한 내용이 있다. 즉 주인이 없는 물건은 선점(先占)한 자가 소유권을 취득하게 된다는 것이다. 당연히 원 소유주는 그 볼을 분실한 골퍼겠지만 로스트볼이 되면 소유권을 포기했다고 간주하고 있기 때문에 법원은 대부분의 분쟁에서 인력투입 및 수거비용을 지불하는 골프장의 손을 들어줬다.

어느 날 조회장님과 함께 라운드하던 동반자가 다른 골퍼의 볼이 벙커에 들어가자 찾아주는 척하면서 모래 속으로 볼을 밟아 버렸는데, 잠시 후 그 골퍼가 벙커 근처에서 볼을 찾았다고 하면서 샷을 했다고 한다. 물론 그 두 사람은 서로에게 아무 말도 할 수 없었고…… 함께 볼을 찾아준다고 해놓고 동반자의 볼을 지그시 발로 밟아 땅속에 묻어 버리고 가는 골퍼에게 배우 안성기는 '실미도'에서 이렇게 말했다. "나를 쏘고 가라!"

39. 원 볼 룰(one-ball rule) 위반하면 매 홀 2벌타

제84회 2020 마스터스 그린재킷의 주인공은 세계남자프로골프 1위인 더스틴 존슨이었다. 11번째 출전한 존슨이 20언더파라는 최저타 기록으로 우승했고, 처음 출전한 우리나라의 임성재 선수는 아시아 선수 최고의 기록인 공동 2위를 했다. 하지만 더 많은 골퍼들의 관심을 끈 것은 2019 마스터스 우승자이며 6회 우승에 도전했지만 오거스타 내셔널GC 아멘코너 12번 홀(파3)에서 셉튜플보기(Septuple bogey·7오버파)를 하며 흑역사의 주인공이 된 타이거 우즈였다.

우즈는 아멘코너(Amen Corner: 11, 12, 13번 홀)의 12번 홀(파3)에서 그린 앞쪽 개울에 볼을 세 차례나 빠뜨리면서 10타 만에 홀아웃했다. 우즈의 첫 번째 158야드 8번 아이언으로 컨트롤 한 티샷은 그린 앞 둔덕을 맞고 개울에 빠졌고, 드롭존으로 이동해서 친 3번째 샷은 그린에 떨어진 뒤 강한 백스핀이 걸려 뒤로 굴러서 물에 빠졌고, 같은 자리에서 친 5번째 샷은 볼이 그린 뒤 벙커로 들어갔고, 벙커에서 친 6번째 샷은 그린에 떨어진 뒤 굴러서 반대쪽 개울로 들어갔다. 다시 1벌타를 추가한 뒤 8타 만에 온그린하고 2퍼트로 10타 만에 홀아웃했다.

이 개울(Rae's Creek)은 마스터스 우승자를 결정하는 데 종종 중요한 역할을 하는 12번 그린 앞과 11번 그린 뒤로 흐르고, 지류가 13번 페어웨이의 왼쪽과 그린 앞을 지나간다. 2013년 마스터스에서도 캐빈 나와 버바 왓슨이 3개의 볼을 이 개울에 헌납하며 셉튜플보기를 기록했고, 1980년에는 톰 바이스코프가 볼 5개를 빠뜨리며 13타를 기록한 악명 높은 개울이다. 한 홀 최악의 타수는 존 데일리가 1998년 베이 힐 인비테이셔널 6번 홀(파5)에서 3번 우드로 6개 연속해서 볼을 물에 집어넣고 기록한 18타다. 이렇게 최정상의 골퍼들도 한 홀에서 몇 개씩의 볼을 잃어버릴 수 있는데 주말골퍼들이 볼 하나로 라운드를 끝내는 것이 얼마나 어려운 일이겠는가?

골프규칙 로컬룰 모델 G-4는 플레이어가 라운드 동안 플레이할 홀이나 샷의 특성에 따라 각기 다른 플레이 성능을 가진 볼들을 사용하지 못하도록 '원 볼 룰'(one-ball rule)을 규정하고 있다. 18홀 라운드를 마칠 때까지 같은 제조사는 물론 모델까지 같은 볼을 쓰도록 규정하고 있는데, 동일한 상표와 모델의 볼이라도 색깔이 다른 것은 다른 볼로 간주된다. 위반하면 매 홀 2벌타를 받는다. 하지만 볼에 편의상 인쇄되어 있는 1, 2, 3, 4와 같은 번호는 상관없다.

2020시즌 한국프로골프(KPGA) 코리안투어 제네시스 대상에 도전했던 이창우는 시즌 마지막 대회인 LG SIGNATURE 플레이어스 챔피언십 3라운드에서 볼이 없어서 실격 당했다. 이창우는 9번 홀까지 경기를 마쳤지만 대회조직위원회를 찾아가 볼이 없다는 사실을 알렸고, KPGA투어 규정 1장 8조 3항에 의해 실격 처리했다. 영국의 에디 페퍼렐도 2019 유러피언투어 터키항공오픈 3라운드 4번 홀(파5)에서 2온을 시도하다가 그린 앞 연못에 볼을 다섯 개나 빠뜨리고 볼이 떨어져 빈 볼 박스를 연못에 던져버리고는 코스를 벗어나 실격 당했다. 한편, 자신도 모르게 원 볼 룰을 위반하는 경우도 있다. 러셀 헨리는 2019년 11월 PGA투어 마야코바클래식 2라운드를 마치고 스코어카드에 서명을 한 후 팬들에게 줄 골프공을 찾다가 자신이 다른 유형의 타이틀리스트 프로 V1x를 사용한 사실을 깨닫고 PGA투어에 '원볼'(One Ball) 규정을 위반한 사실을 알려 9, 10, 11, 12번 4홀 2타씩 총 8벌타를 받았다.

일부종사(一夫從事)라는 옛말이 있다. 평생 한 남편만을 섬긴다는 뜻인데, 여자에게 성적 순결과 복종을 강요하던 유교사회 이념으로, 21세기에는 어울리지 않는 말이다. 하지만 코스에 나갈 때마다 볼을 찾아 산기슭을 헤매는 골퍼들에게 일구종사(一球從事), 즉 원볼플레이는 황천길이라도 동무하고 싶은 간절한 소망이다.

40. 디봇(divot)에 빠진 볼은?

명주잠자리의 애벌레인 개미귀신은 개미를 먹고 사는데, 그 개미를 잡기 위하여 모래로 이루어진 깔때기 모양의 함정을 만든다. 이를 개미지옥이라 한다. 개미귀신이 그 안에 숨어 있다가 떨어지는 개미나 곤충 따위를 잡아먹는다. 주식시장에서도 개인투자자를 의미하는 동학개미들이 급락시장에서 헤매는 상황을 개미지옥이라고 한다.

골프코스에도 이 개미지옥과 같은 함정이 있다. 그것은 바로 골퍼들이 만드는 디봇(divot)이다. 디봇은 샷을 할 때 클럽에 의해 지면에서 떨어져 나간 잔디 조각이나 파인 흔적을 말한다. 주말 골퍼들이 가장 두려워하는 것은 볼이 벙커에 빠지는 것이고, 가장 기분이 나쁜 것은 볼이 디봇에 들어가는 것이다. 티샷을 페어웨이 한가운데로 잘했지만 막상 가보니 디봇에 볼이 놓여 있을 때만큼 플레이어를 난감하게 만드는 순간이 없다. 그건 실력보다는 운에 따른 결과이기 때문이다. 개미귀신이 파 놓은 개미지옥의 함정에 빠진 기분이다.

보통 '페어웨이의 작은 벙커'라 불리는 디봇은 파인 곳에 모래를 뿌려 놓기 때문에 여기에 볼이 있으면 클럽에 정확히 맞히기가 어렵다. 오히려 비교적 넓은 페어웨이 벙커샷이 더 편하다. 타이거 우즈도 "디봇에 놓인 볼을 드롭하지 못하는 건 잘못된 규칙 중 하나"라고 주장하며 골프에서 가장 불공평한 부분이 디봇이라고 했다. 1941년 미국의 '그린키퍼 리포트'에는 "골프장에서 가장 무서운 해충은 디봇이다"라는 말이 소개되었다. 그 만큼 디봇은 골프장을 관리하는 그린키퍼나 골퍼들에게는 영원한 고통인 것이다.

플레이어는 스트로크에 영향을 미치는 상태인 볼의 라이, 의도된 스탠스 구역, 의도된 스윙구역, 플레이션, 구제구역의 개선이 제한된다. 8.1a(허용되지 않는 행동)에 의하면 플레이 중인 티잉구역의 티 마커나 코스의 경계물은 움직일 수 없고, 지면의 상태를 변경하기 위해 디봇을 제자리에 도로 갖다 놓거나, 이미 제자리에 메워진 디봇이나 뗏장을 제거하거나 누르거나, 구멍이나 자국 또는 울퉁불퉁한 부분을 만들거나 없애는 행동을 해서는 안 된다. 또한, 모래나 흩어진 흙을 제거하거나 누르는 행동, 이슬이나 서리 또는 물을 제거하는 행동을 하면 일반 페널티(2벌타)를 받는다.

하지만, 8.1b(허용되는 행동)에 의하면 티잉구역에서 티를 지면에 놓아두거나 꽂거나, 자라거나 붙어있는 자연물을 움직이거나 구부리거나 부러뜨리거나, 지면의 상태를 변경하거나 모래나 흙을 제거하거나 누르거나 이슬이나 서리 또는 물을 제거하는 행동을 할 수 있고, 퍼팅그린에 있는 모래와 흩어진 흙을 제거하고 퍼팅그린의 손상을 수리할 수 있다.

디봇에 놓여 있는 볼을 치는 것은 하수뿐만 아니라 고수들도 큰 부담을 갖는다. 코스는 있는 그대로, 볼은 놓인 그대로 플레이하는 것이 골프의 기본정신이지만 자신의 잘못으로 받는 벌타가 아니라 다른 사람들이 만들어 놓은 디봇 때문에 플레이에 영향을 받는 것은 상당히 억울한 부분이 많다. 비정상적인 코스 상태처럼 무벌타 구제를 받는 것이 오히려 공정하지 않을까? 주말골퍼들은 규칙이 개정될 때까지 기다리지 말고 라운드 시작 전에 박힌 볼 구제처럼 무벌타 디봇 구제를 약속하고 플레이하는 것도 좋은 방법이다.

Hole 11
par5

있는 그대로 플레이하기

41. 스윙에 방해되는 나뭇가지를 꺾으면?
42. 라운드 중 볼은 언제나 닦을 수 있나?
43. 잘못된 그린에 볼이 올라가면 무벌타 구제
44. 한 홀에서 볼에 세 번 이상 손대면 벌타?
45. 구제구역과 볼의 드롭

41. 스윙에 방해되는 나뭇가지를 꺾으면?

볼이 나무 근처에 정지하여 플레이어가 스탠스를 취한 후 스윙을 하는데 나뭇가지가 클럽에 걸린다면 꺾어서 제거할 수 있을까? 그것은 정상적인 과정인가 의도적인 개선인가에 따라 벌타 여부가 결정된다.

나뭇가지를 등에 지지 않고는 스탠스를 취할 수 없을 때 나뭇가지를 등에 짐으로써 나뭇가지가 방해가 안 되는 곳으로 옮겨지거나 구부러지든가 부러져도 벌타는 없다. 또한, 올바르게 스탠스를 취하는 과정에서 풀이나 나무를 구부리거나 부러뜨렸을 때, 정상적인 백스윙이나 다운스윙 때 클럽이 풀이나 나무를 구부리거나 부러뜨렸을 때도 무벌타이다. 볼을 치기 위해 나무 밑에 들어가려고 손으로 나뭇가지를 구부리는 것도 허용된다. 장해물로 정상적인 플레이가 불가능할 때는 클럽의 앞면, 뒷면 어느 부분이나 사용해도 된다.

하지만, 백스윙이나 다운스윙에 방해가 되는 나뭇가지를 고의로 움직이거나 구부리거나 부러뜨리는 것, 방해되는 나뭇가지를 밟고 서는 것, 방해되는 나뭇가지를 얽어매 놓든가 풀을 서로 매 놓는 것, 스탠스를 취했을 때 볼을 덮는 나뭇가지를 손으로 구부리는 것, 나뭇가지를 구부리지 않고도 스탠스를 취할 수 있을 때 다리로 방해되는 나뭇가지를 구부리는 것 등은 허용되지 않는다. 스윙에 방해가 된다고 하여 나뭇가지를 발로 밟아 뉘어놓거나 구부리거나 꺾는 행위는 의도하는 스윙구역의 개선이 되어 스트로크플레이에선 2벌타, 매치플레이에선 그 홀의 패가 된다. 하지만, 백스윙 도중에 나뭇가지가 부러지고 그대로 멈추지 않고 플레이했다면 무벌타, 스윙을 멈췄다면 2벌타를 받는다.

골프규칙 8은 '코스는 있는 그대로 플레이하여야 한다'는 골프의 핵심 원칙에 관한 규칙이다. 플레이어가 자신의 다음 '스트로크에 영향을 미치는 상태'를 개선하는 것을 제한한다. 스탠스 구역도 그 중의 하나다. 8.1a(1)에서는 '자라거나 붙어있는 자연물, 움직일 수 없는 장해물·코스와 분리할 수 없는 물체·코스의 경계물, 그리고 플레이 중인 티잉구역의 티마커와 같은 물체를 움직이거나 구부리거나 부러뜨리는 행동은 허용되지 않는 행동으로 규정하고 있고, 이를 어기면 일반페널티(2벌타)를 받는다.

1982년 마스터스 우승자였던 크레이그 스태들러(Craig Robert Stadler, 미국)는 1987년 2월 미국 PGA투어 리먼 브라더스 앤디 윌리엄스 오픈에서 최종 라운드를 마친 후 공동 2위였지만 전날 나무 밑에서 수건을 깐 채 무릎을 꿇고 샷 하는 모습이 TV에 방영됐고 위원회에 규칙 위반에 관한 항의 전화가 걸려 왔다. 스태들러는 3라운드 14번 홀에서 티샷이 키가 작은 나무 밑에 들어갔고, 똑바로 서서 칠 수 없는 상황에서 밑바닥이 질퍽거려 큰 수건을 깐 채 무릎을 꿇고 샷을 했다. 수건을 까는 것도 스탠스 개선이 되기 때문에 잘못을 바로잡지 않고 카드를 제출한 것으로 실격처리 되었다.

1995년에 문제의 나무가 죽었을 때 골프장 측의 특별 요청으로 스태들러가 그 나무를 잘랐다고 한다. 당시에 공동 2위 상금이 37,333달러였으니 그 수건은 4천만 원짜리였던 것이다. 그것도 딱 한 번 까는데…… 이것보다 더 기가 막힌 경우는 바람에 날아 온 나뭇가지가 홀인원을 막은 경우로 볼이 퍼팅그린의 홀 위에서 깃대에 닿지 않은 채 나뭇가지에 걸쳐 공중에 떠 있는 경우인데, 컵에 들어간 걸로 치고 볼을 집어 들었다면 1벌타를 받고 홀 주위에 볼을 놓고 다시 퍼팅을 해야 하고, 볼을 손대지 않고 나뭇가지를 치워서 컵에 볼을 떨어뜨렸다면 벌타 없이 다시 볼을 홀 주위에 놓고 퍼팅하면 된다. 퍼팅그린의 나뭇가지는 루스임페디먼트로 벌타 없이 제거할 수 있고, 제거하는 도중에 볼이 움직였다면 다시 리플레이스하면 되기 때문이다.

이 경우에서 중요한 것은 '볼이 깃대에 기대 있으며 일부라도 지면보다 아래에 있느냐'다. 하지만 깃대에 닿아있지 않기 때문에 볼을 들고 루스임페디먼트인 나뭇가지를 치우고 홀 가장자리에 볼을 다시 놓고 퍼팅해서 홀을 마무리해야 한다. 나뭇가지 때문에 놓친 홀인원. 이럴 때 나오는 한 마디, "참, 가지가지 한다."

42. 라운드 중 볼은 언제나 닦을 수 있나?

네트(net)형, 베이스볼(baseball)형, 골(goal)형의 3가지로 구분되는 구기 종목 중에서 가장 열심히 볼을 닦는 스포츠는 아마도 16파운드 (7.2kg)정도의 가장 무거운 볼을 쓰는 볼링일 것이다. 또한, 야구에서는 프로야구 한 경기당 약 180개 정도의 새 볼을 쓰게 되는데 가죽 표면에 기름기가 있어 사람의 손바닥으로 문지르면 덜 미끄러워진다고 한다.

그렇다면 골프에서는 자신의 볼을 항상 닦을 수 있을까? 결론적으로 말하면 다음 샷을 위해 들어 올린 볼은 언제든지 닦을 수 있지만 샷이 아닌 다른 목적으로 들어 올린 볼은 닦을 수 없다. 구체적으로 보면, 퍼팅그린에서 플레이어가 자신의 볼을 집어 올린 경우, 그 볼은 언제든지 닦을 수 있고, 그 이외의 곳에서도 규칙에 따라 구제를 받아서 집어 든 볼은 언제든지 닦을 수 있다. 하지만 예외적으로 자신의 볼인지, 볼이 갈라지거나 금이 갔는지, 구제가 허용되는 상태에 놓인 볼인지 확인할 때와 플레이에 방해가 되어서 집어 든 경우에는 닦을 수 없다. 집어 올린 볼을 닦을 수 없는 상황에서 볼을 닦으면 1벌타가 부과된다. 진흙으로 뒤덮여서 내 볼인지 도저히 확인할 수 없는 경우에도 확인에 필요한 정도까지만 닦을 수 있다.(14.1b)

골프에서 볼을 닦는 이유는 볼의 방향과 비거리 때문이다. 퍼팅그린에서는 부드럽게 굴러야 하며, 다른 샷에서는 볼 표면에 있는 딤플(dimple)의 효과를 극대화시켜야 하기 때문이다. 골프 볼에 최초로 딤플이 등장한 것은 1800년대 중반부터 대량 생산하기 시작한 구타페르카(Gutta Percha)로 고무로 만든 커버 표면에 수십 개의 작은 딤플을 미리 새겨놓은 볼은 이전에 경험해보지 못한 비거리와 볼 컨트롤을 선사했다.

볼의 원재료와 코어나 커버의 조합에 따라 달라지는 2피스, 3피스, 4피스 등의 차이를 제외한다면 딤플은 비거리에서 가장 중요한 요소다. 공기 저항을 감소시켜 볼이 더 멀리 날아가게 하는데, 타이틀리스트사의 로봇 테스트 결과 반쪽에만 딤플이 있는 볼을 쳐보니 딤플이 있는 방향으로 급격히 꺾이는 것을 확인할 수 있었으며, 딤플이 있는 볼이 290야드 날아갈 때 딤플이 전혀 없는 볼은 130야드만 날아갔다고 한다. 그 원리를 설명하려면 많은 공기역학 이론들이 필요하지만 두 가지로 정리하면, 클럽 페이스가 볼의 아랫부분을 치면 자연스럽게 시계 반대 방향의 회전이 걸리는데 이 때 볼 표면의 딤플이 볼을 뜨게 만드는 양력(lift force)은 크게 하고, 볼의 뒤 쪽에 생기는 소용돌이가 볼을 잡아당기는 항력(drag force)은 작게 해서 더 멀리 안정적으로 날아가게 한다는 것이다.

대부분의 골프 볼에는 평균 깊이가 약 0.01인치인 300~500 개의 딤플이 있는데 0.001인치의 깊이 변화도 볼의 탄도와 비행궤적에 근본적인 변화를 일으킬 수 있다. 딤플의 깊이와 볼의 탄도는 반비례해서 더 얕은 딤플이 볼을 더 높게 뜨게 한다. 딤플은 전통적으로 둥근 모양이었지만 캘러웨이는 육각형을 사용한다. 골프 클럽과 골프 볼 사이의 임팩트(impact)는 1/2000초에 불과하지만 볼의 속도, 발사각 및 회전 속도를 결정한다. 이 짧은 임팩트 후에 볼의 궤적은 중력과 공기 역학에 의해 전적으로 제어된다. 결과적으로 이상적인 개수와 크기의 딤플 패턴 디자인을 통한 공기 역학적 최적화는 골프 볼 개발의 중요한 부분이다.

대부분의 주말골퍼들은 로스트볼을 사용하는데, 그 볼이 물에 빠져 있었거나 숲 속에서 방치되었거나 생산된 지 얼마나 되었는지조차 불투명하기 때문에 새 볼을 사용하는 것과는 비거리나 방향성, 스핀양에 편차가 나는 것은 당연하다. 스릭슨 볼을 생산하는 던롭스포츠의 로켓공학을 전공한 김형철 박사는 "볼은 고온다습한 장소에 방치해 두면 기능이 떨어집니다. 차량 트렁크에는 오래 넣어두지 말아야 합니다. 나온 지 2년 이상 된 볼은 성능이 떨어지는 경우가 있어요."라고 조언한다. 골프 볼의 소재는 고무다. 시간의 흐름 속에서 공기, 햇빛, 수분에 노출되며 경화(딱딱해짐)되어서 자연스럽게 반발력이 약해지므로 성능이 저하된다.

골프다이제스트에 따르면 타이틀리스트 TS2 드라이버(9.5도, 그라파이트 디자인 투어 AD MT 6S)를 스윙 머신에 장착, 헤드 스피드 100마일로 볼을 쳐서 새 볼과 로스트볼의 성능 차이를 비교했더니 로스트 볼 스피드가 3마일 감소하며 비거리가 10.4야드 차이가 났다고 한다. 가장 큰 문제는 스윙 로봇으로 이정도 차이라면 골퍼에게서는 더 크게 벌어질 수 있어서 최대 20야드까지 차이가 날 수 있다는 것이다. 두 클럽 차이다. 꼭 이겨야 하는 날엔 새 볼 한 줄 정도는 챙겨서 나가자.

43. 잘못된 그린에 볼이 올라가면 무벌타 구제

골프경기의 목적은 퍼팅그린 위에 있는 홀에 골프 볼을 넣는 것이다. 그래서 골프코스의 5가지 구역(일반구역, 티잉구역, 벙커, 페널티구역, 퍼팅그린) 중에서 퍼팅그린이 가장 중요하다고 할 수 있다. 고객의 만족도도 퍼팅그린의 관리가 크게 좌우한다. 하지만 퍼팅그린의 크기나 모양, 경사도 등을 강제하는 규정(hard-and-fast rules)은 없다.

그런데, 골프장의 한 홀에 두 개의 그린이 있는 경우가 있다. 물론 9홀 골프장은 각각 전 후반을 달리 운영하기 위해 그린이 두 개지만, 18홀 정규코스 골프장도 그린이 두 개인 경우를 종종 본다. 여름과 겨울의 계절변화가 심한 지역에서 고객에게 좀 더 양질의 퍼팅그린을 제공하기 위해 추가비용을 무릅쓰고 두 개의 그린을 관리하는 것이 보통이다. 그런데, 일반 골퍼들이 이런 두 개의 그린을 'Two-Green'이라고 하는데, 이것이 올바른 용어일까?

먼저, 더블그린(Double Green)은 매우 큰 한 개의 그린으로 두 개의 홀과 두 개의 깃대가 있어서 다른 팀의 골퍼들이 동시에 그린에서 플레이를 할 수 있다. 영국과 아일랜드의 오래된 링크스 코스에서 볼 수 있는 퍼팅그린이다. 예를 들어 세인트 앤드류스 올드 코스는 4개 홀을 제외한 모든 홀이 더블그린이다.

우리가 일반적으로 생각하는 두 개의 그린은 얼터닛 그린(Alternate Greens)이다. 같은 홀에 두 개의 다른 퍼팅그린이 있는 경우를 말하는데, 이 때 사용하지 않는 깃대가 없는 그린은 퍼팅그린이 아니라 일반구역이다.

골프에서 잘못된 그린(Wrong Green)은 플레이 중인 홀이 아닌 다른 홀의 그린, 임시그린(Temporary Green)을 사용할 때는 그 홀의 원래의 그린, 그리고 퍼팅, 치핑, 피칭을 위한 연습 그린을 말한다. 잘못된 그린에 볼이 올라가면 구제를 받아야 하는데, 이전에는 스탠스가 잘못된 그린에 걸려도 그대로 쳐야했지만 2019 개정규칙에서는 그린에 볼이 올라가지 않았더라도 잘못된 그린을 밟고 샷을 하면 스트로크 플레이는 2벌타, 매치 플레이는 홀의 패를 받게 된다. 따라서 잘못된 그린에 볼이 올라가거나 잘못된 그린이 스탠스나 스윙구역에 방해가 되면 반드시 벌타 없이 완전한 구제를 받아야 한다.(13.1f) 구제를 받는 방법은 먼저 잘못된 그린을 피해 스탠스를 잡아 가장 가까운 구제 지점을 찾고, 그곳에 기준점을 설정한다. 기준점으로부터 홀에 가깝지 않은 한 클럽 이내 범위가 구제 구역이다.

프로골퍼 노승열은 PGA 투어 2014 페덱스컵 플레이오프 1차전 2라운드 11번 홀에서 티샷 한 볼이 오른쪽으로 크게 휘면서 3번 홀 퍼팅그린에 떨어져 있었다. 이런 상황을 처음 겪은 노승열은 퍼팅그린 위에 볼이 올라가 있을 때 웨지나 아이언을 사용해 플레이할 수 있는 상황과 같다고 생각해서, 아무런 의심도 없이 3번 홀 퍼팅그린 위에서 아이언으로 디봇을 내며 샷을 했고, 잘못된 장소에서의 플레이로 2벌타를 받았다. 당시 20년 이상의 경력을 가진 노승열의 캐디 데이비드 브룩커나 함께 경기를 펼친 맥도웰 역시 이 같은 규칙을 모르고 있었다.

타인의 심리나 상황을 교묘하게 조작해 그 사람이 스스로 의심하게 만듦으로써 타인에 대한 지배력을 강화하는 행위를 가스 라이팅(Gas-lighting)이라고 하는데, 〈가스등(Gas Light)〉(1938)이란 연극에서 유래한 것이다. 이 연극에서 남편은 집안의 가스등을 일부러 어둡게 만들고 부인이 집안이 어두워졌다고 말하면 그렇지 않다는 식으로 아내를 탓한다. 이에 아내는 점차 자신의 현실인지능력을 의심하면서 판단력이 흐려지고, 남편에게 의존하게 된다. 자신이 치는 퍼팅마다 홀을 외면하면 잘못된 그린이 아니라 미운 그린이지만, 퍼팅할 때마다 '넌 짧은 걸 못 넣더라'하며 가스 라이팅하여 자신을 못 믿게 만드는 사람은 정말 못된 골퍼다.

44. 한 홀에서 볼에 세 번 이상 손대면 벌타?

라운드가 시작되면 볼은 '내꺼인 듯 내꺼 아닌 내꺼 같은 너, 니꺼인 듯 니꺼 아닌 니꺼 같은 나'라는 소유가 부른 '썸'이란 노랫말처럼 자기 볼이라고 함부로 만져서는 안 된다. 이미 그 볼은 경기의 일부이기 때문에 라운드가 끝나기 전까지는 정해진 규칙에 의해서만 들어 올리거나 옮길 수 있다.

퍼팅그린에서는 언제든지 마크하고 볼을 집어 들 수 있지만, 그린이 아닌 구역에서 플레이어가 동반자에게 통보 없이 마크하고 볼을 집어 올릴 수 있는 경우는 다음과 같다.

1. 자신의 볼인지 확인할 때
2. 볼이 갈라지거나 금이 갔는지 확인할 때
3. 움직일 수 있는 장해물, 비정상적인 코스 상태, 박힌 볼로 인해 구제가 가능한 상태인지 확인할 때

2019년 이전에는 동반자에게 통보를 하고 집어 올려야 했지만 이제는 그런 과정이 없어도 규칙 위반이 아니다. 단, 볼을 집어들 이유가 없는데도 집어 들거나, 마크를 하지 않거나, 닦는 것이 허용되지 않는데 그 볼을 닦은 경우에는 1벌타를 받는다.(14.1c)

자신의 볼인지 확인할 때는 마크하고 볼을 집어 든 후에 그 볼이 자신의 볼이든 아니든 원래의 지점에 반드시 다시 놓아야 한다. 볼이 갈라지거나 금이 갔는지를 확인하기 위해서도 집어 올릴 수 있지만 볼을 집어 올리기 전에는 반드시 그 볼의 지점을 마크하여야 하며 집어 올린 볼을 닦아서는 안 된다. 홀을 플레이하는 동안 스트로크 후 플레이어의 볼이 조각난 경우, 페널티는 없으며 그 스트로크는 타수에 포함되지 않고, 반드시 그 스트로크를 했던 곳에서 다른 볼로 다시 샷을 해야 한다. 이를 위반하면 일반페널티(2벌타)를 받는다. 움직일 수 있는 장해물, 비정상적인 코스 상태, 박힌 볼로 인해 구제가 가능한 상태인지를 확인하기 위해서도 마크하고 볼을 집어 들 수 있다.

주말골퍼들이 라운드 시작 전에 볼에 표시를 하는 것은 보통 두 가지다. 첫째는 자신의 볼인지를 확인할 수 있는 식별표시다. 한글로 이름 또는 영문 이니셜을 쓰거나 하트나 이모티콘 같은 그림을 그려 넣거나 여러 가지 문양의 스탬프를 찍기도 한다. 술지게미와 쌀겨로 끼니를 이어가며 고생을 같이 해온 아내란 뜻의 '조강지처'를 자기 볼에 쓰는 친구가 있어 그 이유를 물어보니 자기 아내는 절대로 집을 나가지 않기 때문이라고 했다. 또 하나의 표시는 퍼팅에 도움을 주는 라인을 그리는 것이다. 예전에는 한 줄이나 T자의 십자 선을 긋는 것이 보통이었으나 요즘은 C사의 세 줄짜리 퍼터에 맞는 트리플 트랙을 볼에 그리는 것이 유행이다. 하지만 볼의 라인과 퍼팅라인을 정렬하는 것이 또 다른 스트레스의 원인이 된다고 라인을 그리지 않고 그냥 퍼팅을 하는 골퍼들도 많다.

한 홀을 플레이할 때 가장 이상적인 것은 단 세 번만 볼에 손을 대는 것이다. 한 번은 티샷을 위해 티에 볼을 올려놓을 때이고, 다른 한 번은 퍼팅그린에 올라 온 볼을 마크한 후에 집어 드는 것이다. 그리고 마지막 한 번은 홀 속에 들어간 볼을 꺼낼 때이다. 이 세 가지 경우가 아니라면 두 손은 볼을 멀리하고 클럽의 그립만 가까이 해야 한다. 자꾸 만져서 커지는 것은 스킨십이 필요한 사랑이지 골프 볼이 아니다.

45. 구제구역과 볼의 드롭

"추락하는 것은 날개가 있다."
이문열 소설 제목으로 알려진 이 말은 오스트리아 시인 잉게보르크 바흐만(Ingeborg Bachmann)의 시다.(원제: '놀이는 끝났다' Das Spiel ist aus) 그리스 신화에 등장하는 이카로스의 비상과 추락에서 영감을 받은 이 시는 아버지 다이달로스의 말을 무시하고 점점 높이 오르다가 태양열에 밀랍이 녹아 날개가 떨어져 나가면서 추락하는 오만의 종말을 떠올리게 한다.

골프에서 드롭(Drop)이란 인플레이하려는 의도를 가지고 볼을 공중에서 떨어뜨리는 것을 말한다. 볼을 드롭하는 방식은 골프 역사와 함께 변화해 왔다. 1744년 제정 규칙에 드롭의 방식은 명기되지 않았고, 1809년 처음으로 '플레이하는 홀을 향해 서서 머리너머 후방으로 하라'고 방법을 명시했지만, 골퍼들에 따라서 머리 너머, 어깨 너머 제각각의 방식이 시행되다가 1908년 어깨 너머로, 1984년 어깨 높이로 팔을 펴서하는 간단한 방식이 되었다가 2019년 무릎 높이에서 볼을 떨어뜨리는 방식이 되었다.

볼은 반드시 플레이어가 드롭해야 하며, 무릎을 똑바로 편 상태에서 지면으로부터 무릎까지의 높이에서 드롭하면 된다. 볼을 드롭하거나 플레이스할 구제구역을 개선할 수 없고, 루스임페디먼트는 제거할 수 있지만 모래나 흩어진 흙은 제거할 수 없다. 이를 위반하면 2벌타다. 플레이어는 볼을 드롭할 때 구제구역의 안이나 밖에 설 수 있고, 두 번 드롭했는데도 볼이 구제구역에 정지하지 않으면 처음 지면에 닿은 지점에 볼을 놓아야 한다. 만일 그 지점에 볼이 놓이지 않으면 다시 한 번 시도해보고, 그래도 안 되면 가장 가까운 지점에 놓고 구제절차를 완료한다.

드롭한 볼이 지면에 닿기 전에 사람, 장비, 외부의 영향을 우연히 맞히면 잘못된 드롭이기에 벌타 없이 다시 드롭해야 한다.(14.3b) 지면에 떨어진 후에 맞혀도 벌타는 없고, 그 볼이 구제구역 안에 멈추면 절차가 완료된 것이고, 밖에 멈추면 다시 드롭하면 된다. 만일, 플레이어나 캐디가 고의로 그 볼의 방향을 바꾸거나 멈추게 하면 2벌타 후 다시 드롭한다. 플레이어가 인플레이하려는 의도 없이 볼을 떨어뜨린 경우, 그 볼은 드롭된 것이 아니므로 인플레이볼이 아니다.(14.4) 또한, 플레이어가 잘못된 장소에서 리플레이스, 드롭, 플레이스하였더라도 아직 그 볼을 플레이하기 전이라면 페널티 없이 그 잘못을 시정할 수 있다.(14.5a)

각 구제 규칙은 그 볼을 반드시 드롭하고 그 볼이 정지되어야 할 특정한 구제구역을 규정하고 있다. 대부분의 구제구역은 1클럽 길이 이내지만 측면 구제는 2클럽 길이 이내 구역이다. 기준점은 구제받는 상황에 따라서 달라지며, 규칙을 적용하여 플레이어가 스스로 그 위치를 결정해야 하며, 플레이어의 '합리적인 판단'은 수용된다.(1.3b-2)

날개가 없으면 추락하지도 않겠지만, '추락하는 것은 날개가 있다'는 은유는 좌절 속에서 피어나는 희망, 즉 비상(飛上)을 의미한다. 골프 라운드 도중 구제를 받아야 하는 상황에 빠진 것은 좌절의 순간이지만 구제를 받아 드롭을 한다는 것은 다시 도약할 수 있는 희망의 기회다.

구제의 종류에 따른 기준점과 구제구역표

구제의 종류	구제상황	기준점	구제구역
페널티 없는 구제	비정상적인 코스 상태 (동물이 판 구멍, 수리지, 움직일 수 없는 장해물, 일시적으로 고인 물) 16.1	가장 가까운 완전한 구제지점 (Nearest Point of Complete Relief)	기준점에서 홀에 가깝지 않게 1클럽거리 이내
	위험한 동물 16.2		
	잘못된 그린 13.1f		
	플레이 금지구역 16.1f와 17.1e		
	박힌 볼 16.3	볼이 박힌 바로 뒤의 지점	

페널티 구제 (1벌타)	OB, 분실된 볼 18.2	스트로크와 거리구제	직전 스트로크를 한 지점	
	페널티 구역 17.1d	1) 스트로크와 거리구제	직전 스트로크를 한 지점	
		2) 후방선 구제	페널티구역을 마지막으로 통과한 지점과 홀을 연결한 후방선 상의 한 지점	
		3) 측면 구제 (빨간 페널티구역만 적용)	페널티구역을 마지막으로 통과한 지점	2클럽거리 이내
	언플레이어블 볼 19.2	1) 스트로크와 거리구제	직전 스트로크를 한 지점	1클럽거리 이내
		2) 후방선 구제	원래의 볼이 있는 지점과 홀을 연결한 후방선 상의 한 지점	
		3) 측면 구제	원래의 볼이 있는 지점	2클럽거리 이내
	벙커에서의 언플레이어블 볼 19.3a	1) 스트로크와 거리구제	직전 스트로크를 한 지점	1클럽거리 이내
		2) 후방선 구제	원래의 볼이 있는 지점과 홀을 연결한 벙커 안 후방선 상의 한 지점	
		3) 측면 구제	원래의 볼이 있는 지점	2클럽거리 이내
페널티 구제 (2벌타)	벙커에서의 언플레이어블 볼 19.3b	벙커 밖 후방선 구제	원래의 볼이 있는 지점과 홀을 연결한 벙커 밖 후방선 상의 한 지점	1클럽거리 이내

* 볼이 페널티구역 밖에서 분실되었거나 아웃오브바운즈로 갔을 수도 있는 경우, 시간을 절약하기 위하여 플레이어는 스트로크와 거리의 페널티를 받고 잠정적으로 다른 볼을 플레이할 수 있다.(18.3c) 이 프로비저널볼은 원구가 발견되지 않을 경우 1벌타다.

Hole 12
par3

그늘집 이야기 3

46. 프로골퍼 캐디의 의무와 수입은?
47. 갤러리(Gallery)가 없는 한국오픈
48. 아! 테스형, 골프가 왜 이래 왜 이렇게 힘들어

46. 프로골퍼 캐디의 의무와 수입은?

PGA투어 2021 RBC 헤리티지에서 우승한 미국프로골퍼 스튜어트 싱크(Stewart Cink)는 우승인터뷰에서 자신의 캐디인 아들 레이건(Reagan Cink)과 우승을 한 것이 놀랍다고 했다. 둘째 아들 레이건은 아버지와 같은 조지아 공대를 졸업한 후 델타항공에 취업했지만 얼마 남지 않은 아버지의 투어생활을 함께 하고 싶은 생각에 캐디를 자청했고, 2009년 브리티시 오픈 우승 후 우승이 없던 싱크는 아들이 캐디를 맡아준 후 2020년 9월 세이프웨이 오픈에서 11년 만에 우승을 했고, 또 다시 7개월 후 2021년 4월 RBC 헤리티지에서 PGA통산 8승을 한 것이다. 싱크는 레이건이 자신을 믿으라며 아버지를 이끌었고, 레이건은 아버지와 페어웨이를 걸으며 게임에 대해 이야기하고 농담을 주고받는 것이 행복하다고 했다.

골프규칙 10.3에서 '플레이어는 라운드 동안 자신의 클럽을 운반하고 어드바이스와 그 밖의 도움을 주는 캐디를 쓸 수 있지만, 캐디에게 허용되는 행동에는 한계가 있다. 라운드 동안 캐디가 한 행동에 대한 책임은 플레이어에게 있으며, 캐디가 규칙을 위반하는 경우에는 플레이어가 페널티를 받게 된다'고 규정하고 있다. 10.3b에서는 캐디에게 허용된 행동과 허용되지 않는 행동을 규정하고 있는데, 상대방에게 컨시드하기, 구제받을 것인지 결정하기, 구제구역에 볼을 드롭하거나 플레이스하기, 그리고 플레이어의 플레이 선 가까이나 그 연장선의 후방에 서있는 것 등은 허용되지 않는 행동이다.

그 중에서 캐디가 가장 많이 하는 실수는 플레이어의 플레이선과 관련된 것이다. 10.2b(4) '캐디의 위치제한'에 따르면 플레이어가 스트로크를 위한 스탠스를 취하기 시작하고 그 스트로크를 할 때까지 캐디는 어떤 이유로든 고의로 플레이어의 플레이 선의 볼 후방으로의 연장선상이나 그 선 가까이에 서있어서는 안 된다. 이 규칙을 위반하여 스탠스를 취한 경우, 플레이어는 그 스탠스에서 물러나더라도 일반페널티(2벌타)를 면할 수 없다. 이렇게 벌타를 부과하는 것은 플레이어가 목표를 향해 정렬하는 것 또한 플레이어 스스로 극복해야 할 도전과제 중 하나로 여기기 때문이다. 여기서 플레이어가 스탠스를 취하기 시작한 것으로 간주되는 시점은 플레이어가 홀을 향해 클럽을 볼 뒤에 댄 채 그 볼 옆에 서 있다가 볼을 마주하기 위해 몸을 돌리기 시작할 때나 플레이어가 목표 선을 정하기 위해 볼 뒤에 서 있다가 앞으로 걸어 나간 후 몸을 돌리기 시작하여 스트로크를 할 자리에 설 때를 말한다.

하지만, 예외적으로 볼이 퍼팅그린에 있는 경우에는 플레이어가 그러한 스탠스로부터 물러나고 캐디가 그 위치에서 비켜설 때까지 다시 스탠스를 취하기 시작하지 않은 경우에는 페널티가 없다.

최고의 골퍼들이 플레이하는 PGA투어의 캐디들은 어떤 일을 할까? 그들이 공통적으로 하는 일을 모아보면 8가지다. 1. 골퍼의 클럽 가방을 들고, 2. 골퍼의 클럽을 정리하고, 3. 클럽과 볼을 닦아주고, 4. 벙커의 모래를 정리하고, 5. 핀까지의 거리를 측정하고, 6. 플레이어가 파놓은 디봇을 수리하고, 7. 퍼팅그린의 홀에 있는 깃대를 잡아주거나 빼주고, 8. 골퍼에게 어떤 클럽을 사용해야 하는지 조언한다.

캐디는 골퍼에게 매우 소중한 존재로서, 장비 관리자, 코치, 그리고 트레이너가 하나로 합쳐진 것과 같다. 그래서 그들 중 일부는 매우 많은 돈을 번다. 하지만 전문캐디들의 정확한 수입을 알 수 있는 자료는 많지 않다. 2017년 미국의 한 웹사이트에서 공개한 고수입 캐디 1등은 피츠제럴드(J.P. Fitzgerald)로 1년에 165만 달러(약 18억 5천만 원)를 벌었다. 세계 최고의 골퍼 중 한 명인 맥길로이(Rory McIlroy)를 위해 10년 동안 캐디를 했지만 그는 2017년 해고당했다. 2위는 2013년부터 현재 세계랭킹 1위 골퍼인 더스틴 존슨(Dustin Johnson)의 캐디를 맡고 있는 오스틴 존슨(Austin Johnson)으로 160만 달러(약 17억 9천만 원)를 벌었다. 그는 더스틴 존슨의 친 동생으로 형의 2020 마스터스 우승을 도왔다. 3위는 마쓰야마 히데키의 캐디인 신도 다이스케로 68만 달러(약 7억 6천만 원)를 벌었지만, 히데키가 2021 마스터스 우승을 할 때 그의 옆에 있던 캐디는 '쇼타 하야후지'였다.

마쓰야마 히데키는 마스터스 우승 후의 인터뷰에서 마지막 퍼트가 들어갔을 때 정말 아무생각도 나지 않았고 자신의 가방을 맨 후 첫 번째 승리를 한 캐디 쇼타를 안아주었다고 했다. 마스터스 시합이 끝난 후 전 세계인의 주목을 끈 것은 히데키가 아니라 마지막 홀에 깃대를 꽂은 후 모자를 벗고 코스를 향해 정중히 고개를 숙여 인사한 쇼타 하야후지였다. 그는 라운드 후 항상 그렇게 하지 않고, 그렇게 할 계획도 없었지만, 마스터스에서의 마지막 그 순간에는 본능처럼 코스에 경의를 표하는 것이 옳다고 느꼈다고 했다. 그의 오거스타 내셔널 골프코스에 대한 인사는 마스터스 우승 상금 207만 달러(약 23억 원)보다 값진 것이었다.

47. 갤러리(Gallery)가 없는 한국오픈

프로 13년 차 호주교포 이준석이 코오롱 제63회 한국오픈 골프선수권대회에서 생애 첫 우승을 했다. 마지막 라운드 18번 홀(파5) 티샷을 시작하기 전까지 챔피언조 3명의 스코어는 7언더파로 같았고, 18번 홀 티샷에서 김주형이 O.B.로 선두경쟁에서 탈락한 후 3온한 이준석과 박은신의 퍼팅 대결에서 3m 버디퍼팅을 성공한 이준석이 우승을 차지한 것이다. 1주일 전 2021 U.S.오픈에서 스페인 골퍼 존 람(스페인)이 17번 18번 홀 연속 버디로 우승한 것처럼 이준석 프로도 17번 홀의 극적인 버디 이후 18번 홀 연속 버디로 메이저 첫 승을 한 것이 두 나라를 대표하는 시합의 우연한 공통점이었다.

그렇다면 2021 U.S.오픈에는 있는데 한국오픈에는 없는 것이 무엇일까? 그것은 바로 갤러리다. 아직 한국에서 열리는 남녀프로골프 시합은 관중의 입장이 허용되지 않고 있다. 골프뿐만 아니라 미국프로야구 메이저리그(MLB) 전 구단은 이미 100%의 관중을 받고 있거나

100% 관중 입장을 허용할 예정이다. 하지만 한국은 야구장 수용인원을 거리두기 2단계 지역은 30%, 1.5단계 지역은 50%만 허용할 예정이다. 이래서 전 국민의 백신접종이 중요한 것이다. 가장 좋은 백신은 가장 빨리 맞는 백신이다.

2020년 미국에서 열린 3개의 메이저 챔피언십(마스터스, PGA챔피언십, US오픈)은 갤러리가 없는 무관중 시합이었고, 영국의 브리티시 오픈은 취소되었다. 하지만 2021년 마스터스와 PGA챔피언십은 일일 1만 명 정도로 제한됐지만 실제로는 더 많은 갤러리들이 입장한 가운데 대회가 열렸고, 7월 15일 로열 세인트조지스 GC에서 열렸던 '디 오픈(British Open)'도 많은 갤러리가 몰렸다. 2021 U.S.오픈 참석자 수는 매일 약 13,000명 정도였는데 이는 같은 골프장에서 2008년 열렸던 시합의 25%에 불과했다.

골프규칙에는 갤러리라는 용어가 등장하지 않지만, 골프규칙해설에는 '갤러리 통제선'을 언급하며 3번 나온다. 골프코스에서 시합을 지켜보는 관중을 골프규칙에서는 플레이어의 볼이나 장비 또는 코스에 영향을 미칠 수 있는 사람과 사물을 말하는 '외부의 영향'(Outside Influence)에 포함시킨다. 움직이고 있는 볼이 우연히 사람이나 외부의 영향을 맞힌 경우 어떤 플레이어에게도 페널티는 없고(11.1a), 볼은 반드시 놓인 그대로 플레이하여야 한다.(11.1b)

원래 갤러리(Gallery)라는 말은 기원전 알렉산더대왕의 궁정 회랑(回

廊: 사원, 궁전에서 주요부분을 둘러싼 지붕이 있는 긴 복도)에 예술작품들을 전시한 데서 비롯되었다고 한다. 그것이 귀족, 지식인 등 사회적 신분이 높은 일부 계층을 위해 그 시대 유명한 예술가들의 작품을 모아놓은 전시 공간으로 발전하여, 현대에는 화랑(畵廊, gallery)으로 불리며 회화·조각·판화 등의 미술품을 전시·판매하는 장소가 된 것이다.

골프에서의 갤러리는 '구경꾼들'(a group of spectators, especially those at a golf tournament)을 말한다. 관람객들이 페어웨이 한 쪽으로 늘어선 모습이 긴 복도를 연상시키고, 미술품을 관람하듯 조용히 선수들의 플레이를 지켜본다고 하여 의미가 추가된 듯하지만 그 어원은 정확하지 않다.

최고의 골프대회임을 자부하는 마스터스(the Masters Tournament)에서는 골프 팬들을 패트론(patron 후원자, 지지자)이라고 한다. 이들은 마스터스 평생 관람권 소지자다. 갤러리는 4만 명의 고정된 패트론과 인터넷 추첨으로 당첨된 소수인원들이다. 마스터스가 열리는 오거스타 내셔널 골프클럽의 창립자이자 종신회장인 바비 존스(Bobby Jones)는 "골프를 좋아하는 사람들에게 가장 고통스러운 것은 선수의 실수나 불운에 대한 박수 또는 환호다. 마스터에서 그런 일은 드물겠지만 우리의 패트론들이 세계에서 가장 지식 있고 사려 깊다는 평판을 계속 받으려면 그런 것은 완전히 제거해야 한다"고 말했다. 골프경기를 보는 갤러리들의 표준을 제시해준 것이라고 할 수 있다.

요즘 미국 골프경기장에는 있고 한국에는 없는 것이 갤러리라면 미국엔 없고 한국에만 있는 것은 없을까? 있다. 영국왕립골프협회(R&A)가 2018년을 기준으로 집계한 세계 3만2,471개의 골프장 중에 1만4,640개로 45%를 차지한 미국에는 미국골프대학이 없지만 겨우 1.4%의 한국에는 골프 선수 및 골프산업 전문가를 육성하는 한국골프대학교가 있다. 입학하고 싶다면 줄을 서시오~!

48. 아! 테스형, 골프가 왜 이래 왜 이렇게 힘들어

세상을 살아가며 꼭 지켜야 하는 선들이 있다. 그 선 안쪽은 안전지대지만 그 선을 넘어서면 그 결과는 상상하는 것보다 훨씬 더 가혹하다. 도로를 가로지르는 중앙선, 횡단보도의 정지선, 분단의 아픔을 간직한 휴전선 등이다. '인간관찰학'이라는 독특한 영역을 개척해온 일본 현대심리학 연구자 시부야 쇼조의 『선을 넘지 마라』는 복잡한 인간관계를 풀어가는 비결을 말이 아니라 공간, 즉 '영역'의 관점에서 찾아가는 책이다. 아무리 가깝게 지내는 친한 사이라 해도 사람과 사람 사이에는 넘어서는 안 되는 물리적, 심리적 '선'이 있다. 이러한 선이 영역의 경계를 말하는 것이다.

주말골퍼들이 골프라운드를 하는 코스에도 넘어서는 안 되는 선들이 몇 가지 있다.

1) 티잉구역의 경계선

티샷을 하기 위해 특별히 지정된 티잉구역(teeing area)은 티마커 바깥쪽 경계선을 한 변으로 한 후방 두 클럽 이내의 사각형을 말하는데, 티잉구역을 벗어 난 지점에 볼을 두고 티샷하면 스트로크 플레이에서는 2벌타를 받고 티잉구역 안에서 다시 플레이해야 한다. 매치플레이에서는 페널티 없이 그 스트로크를 취소시킬 수 있다. 볼의 일부라도 경계선에 닿아 있으면 그 볼은 티잉구역 안에 있는 것이다.

2) 페널티구역 경계선

2019개정규칙 이전에는 워터해저드(water hazard)라고 했던 구역과 위원회가 볼이 분실되거나 플레이할 수 없는 곳으로 정의한 구역을 페널티구역이라고 하는데, 노란 페널티구역과 빨간 페널티구역으로 구분하여 말뚝 또는 선으로 표시한다. 말뚝의 외곽선을 이은 선, 또는 지면에 칠해진 선과 일반구역의 페어웨이 또는 러프와의 접선이 페널티구역의 경계선이 된다. 말뚝과 선은 페널티구역에 있는 것이므로 볼의 일부라도 말뚝의 외곽선을 이은 선이나 지면에 칠해진 선에 닿아 있으면 그 볼은 페널티구역에 있는 것이다. 페널티구역에 놓인 볼은 그대로 플레이할 수도 있고, 1벌타를 받고 구제 받은 후 페널티구역 밖에서 플레이할 수도 있다.

3) 아웃오브바운즈 경계선

Out of Bounds는 위원회가 규정한 코스 경계 밖의 모든 구역을 말하는데, 그 경계는 흰색 말뚝 또는 지면에 칠해진 흰색 선으로 표시한다. 말뚝의 외곽선을 이은 선, 또는 지면에 칠해진 선과 코스 쪽 인바운즈와의 접선이 OB의 경계선이 된다. 말뚝이나 선 자체는 OB에 있는 것이지만 볼의 일부라도 코스 경계선에 닿아 있으면 OB가 아니다. 골프규칙에서는 정지한 볼 전체가 코스의 경계 밖에 있는 경우만 그 볼이 OB인 것으로 정의하고 있다. 티잉구역, 벙커, 퍼팅그린, 페널티구역, 수리지, 잘못된 그린, 구제구역에서는 볼의 일부라도 그것에 접촉해 있으면 볼은 그 지역에 속한 것으로 보지만, OB는 볼이 완전히 코스의 경계를 벗어나야 OB다. 볼이 OB구역에 있으면 1벌타를 받고 직전 샷한 지점에서 3타 째를 플레이하거나 로컬룰로 지정된 OB구제구역에서 다시 4타 째를 플레이한다.

4) 구제구역 경계선

구제구역이란 규칙에 따라 구제를 받는 경우, 플레이어가 반드시 볼을 드롭해야 하는 구역을 말한다. 구제구역은 기준점, 크기, 위치제한 세 가지 요건에 따라 정해진다. 일반적으로 구제구역은 기준점보다 홀에 더 가깝지 않아야 하며, 기준점으로부터 한 클럽 길이 또는 두 클럽 길이 이내의 구역으로 제한되고, 구제를 받으려고 하는 상태로부터 더 이상 방해를 받지 않는 곳이어야 한다. 플레이어는 볼을 드롭할 때 구제구역의 안이나 밖에 설 수 있고, 첫 번째 드롭이 구제구역을 벗어나 다시 드롭했는데도 볼이 구제구역에 정지하지 않으면 처음 지면에 닿은 지점에 볼을 놓아야 한다. 만일 그 지점에 볼이 놓이지 않으면 다시 한 번 시도해보고, 그래도 안 되면 가장 가까운 지점에 놓고 구제절차를 완료한다.

2020년 추석 명절 KBS에서 방영한 나훈아 단독 콘서트는 대단한 시청률을 기록했는데, 그가 이날 발표한 신곡 '테스형'은 철학자 소크라테스에게 세상살이가 왜 이렇게 힘드냐고 하소연하듯 묻는 내용이 담겼다. 골프를 하는 모든 골퍼들도 항상 이런 질문으로 골프를 접었다가 다시 시작하기를 반복한다. 넘지 말아야 하는 선이 있다는 것을 알면서도 그 선을 넘고야말아 동반자들에게 기쁨을 주면서도 스스로는 고뇌에 빠진 철학자가 되는 것이다.

"어쩌다가 한바탕 턱 빠지게 웃는다
그리고는 아픔을 그 웃음에 묻는다
아! 테스형, 골프가 왜 이래 왜 이렇게 힘들어"

Hole 13
par4

인공물은 장해물

49. 볼이 모래통 옆이나 카트도로에 있으면?
50. 낙엽은 루스임페디먼트(loose impediment)
51. 코스의 움직일 수 있는 장해물이란?
52. 코스의 움직일 수 없는 장해물이란?

49. 볼이 모래통 옆이나 카트도로에 있으면?

LPGA투어 2021 HSBC 위민스 월드챔피언십 1라운드 180야드 7번 홀(파3)에서 보기 드문 장면이 나왔다. 고진영 선수의 티샷이 그린 앞 벙커에 빠졌는데 볼 옆에 작은 새싹이 하나 있는 것이 화면에 잡혔다. 고진영은 캐디와 의논 후 경기위원을 불러서 스윙하다가 새싹을 건드려도 되는지를 물었다. 모래밖에 없는 벙커 안에서 새싹이 자란 것도 특이한 일이지만 그 새싹을 의식한 세계 랭킹 1위인 고진영 선수가 평범한 라이의 벙커샷을 실패하고 두 번 만에 벙커를 탈출해 보기를 한 것도 매우 드문 일 이었다.

규칙 12.2a에서는 '벙커에 있는 볼을 플레이하기 전에, 플레이어는 규칙 15.1에 따라 루스임페디먼트를 제거할 수 있고 규칙 15.2에 따라 움직일 수 있는 장해물을 제거할 수 있다.'라고 규정하고 있으며, 이러한 것들을 제거하는 과정에서 벙커의 모래를 합리적으로 건드리거나 움직이는 것은 허용된다.

하지만 벙커 안에서 자라고 있던 새싹은 루스임페디먼트가 아니다. 루스임페디먼트(Loose Impediment)는 돌멩이, 붙어있지 않은 풀, 나뭇가지, 나무토막, 동물의 사체와 배설물, 벌레와 곤충, 벌레나 곤충처럼 쉽게 제거할 수 있는 동물, 그런 동물들이 만든 흙더미나 거미줄, 뭉쳐진 흙덩어리, 에어레이션 찌꺼기 등이다. 하지만 자라거나 지면에 단단히 박혀 있는 것은 루스임페디먼트가 아니다. 루스임페디먼트는 벌타 없이 벙커를 포함한 코스 안팎 어디에서나 손, 발, 클럽 또는 수건, 모자 등 그 밖의 장비를 사용해 제거할 수 있다. 루스임페디먼트를 제거하다가 볼을 움직이면 1벌타를 받고 볼은 원래의 자리에 리플레이스(replace)해야 하지만, 제거된 것은 제자리에 갖다 두지 않아도 된다.

골프코스에서 벙커가 아닌 곳에 모래가 있는 곳은 일반적으로 코스의 디봇 관리를 위해 카트도로 바깥쪽에 설치하여 모래를 보관하는 모래통이다. 모래통 주위에 볼이 정지해서 스탠스나 스윙에 방해가 되거나, 볼이 카트도로에 있으면 무벌타 구제를 받을 수 있다. 카트도로 구제를 받을 경우에 흠집 여부와 상관없이 새 볼로 드롭할 수 있기 때문에 원래의 볼을 그대로 둔 채 새 볼로 구제구역에서 드롭하면 된다. 이 모래통과 카트도로는 움직일 수 없는 장해물로서 비정상적인 코스 상태에 해당되므로 벌타 없이 구제를 받을 수 있어서 정상적인 샷을 할 수 있는 가장 가까운 완전한 구제지점을 정하고 한 클럽 이내에 드롭하고 플레이하면 된다.

볼이 카트도로에 있는 것은 아니지만 스탠스가 카트도로에 걸려도 똑같은 구제절차에 따라야 한다. 규칙 16.1a(1)에 의해 플레이어의 볼이 비정상적인 코스 상태에 닿아있거나 그 안이나 위에 있는 경우뿐만 아니라 플레이어의 의도된 스탠스 구역이나 스윙구역에 물리적으로 방해가 되는 경우에도 구제가 허용되기 때문이다. 만일 구제를 받은 후 카트도로에 발이 걸린 채 스트로크를 하면 잘못된 장소 플레이로 일반페널티(2벌타)를 받는다.

한 가지 주의할 점은 무조건 볼을 집어 들면 안 된다는 것이다. 카트도로를 벗어난 구제지점이 항상 더 좋은 라이를 보장하는 것은 아니기 때문에 카트도로에서 샷을 하는 것이 더 나을 수도 있기 때문이다. 한 클럽 길이 이내에서 드롭하여 구제를 받은 후 그 지점 앞에 큰 나무가 있어서 홀을 향해 플레이할 수 없더라도 다른 쪽으로 다시 구제를 받을 수는 없다. 그렇기 때문에 카트도로에 있는 볼은 그냥 둔 채 새 볼로 구제지점을 확인하여 볼이 놓인 지점이 카트도로보다 더 좋다는 것이 확인된 후에 원래의 볼을 집어 드는 것이 좋다. 무작정 집어 든 후에 구제지점이 좋지 않아 원위치에 다시 놓고 샷을 한다면 1벌타를 받게 된다.

만일 볼이 카트도로 정중앙에 있다면 구제지점은 어느 쪽이 될까? 가장 가까운 구제지점은 홀 방향을 기준으로 오른손잡이 골퍼에게는 카트도로 왼쪽, 왼손잡이에게는 오른쪽이 된다. 카트도로 왼쪽과 오른쪽에 기준점을 정했을 때 오른손잡이일 경우에 오른쪽 기준점은 카트도로를 벗어 난 지점에서 스탠스를 취하면 드롭하는 볼의 위치는 더 멀어질 수밖에 없기 때문에 가장 가까운 구제지점은 카트도로 왼쪽이 될 수밖에 없다.

좋은 일 많이 하는 너는 카트도로 타고 구제받아서 언더파를 치고, 나는 카트도로 옆에서 언덕을 파고~!

50. 낙엽은 루스임페디먼트(loose impediment)

골프장의 11월은 낙엽과의 전쟁이다. 그 시기에 라운드를 나가서 골퍼들이 가장 많이 하는 것은 퍼팅그린 위에 떨어져 있는 낙엽을 치우는 일이다. 몇 해 전 인기 있었던 공유와 김고은 주연의 드라마 '도깨비'의 명대사 일부처럼 '날이 좋아서, 날이 좋지 않아서, 날이 적당해서' 매일 낙엽은 지고 있다.

골퍼들보다 더 치열하게 낙엽과의 전쟁을 치르는 사람들이 골프코스를 관리하는 그린키퍼들이다. 대학 강단과 코스 현장을 누비며 쌓은 경험을 영화와 드라마속의 식물, 그리고 우리 주변의 동식물 이야기로 풀어 낸 글을 '생태공학의 영화드라마 속 식물도감' 블로그에 소개하는 생태공학 김기동 박사가 뽑은 골프장 퍼팅그린의 악명 높은 낙엽은 3위 참나무, 2위 소나무, 1위는 메타세쿼이아다.

3위를 차지한 보이는 게 다인 정직한 낙엽 떡갈나무나 굴참나무는

잎이 크고 지면과 공간이 많아 바람이 잘 통해서 제거하기도 쉽고, 크기가 커서 멀리서도 잘 보이므로 골퍼들이 퍼팅 라인을 파악한 후 큰 부담 없이 제거하고 퍼팅을 할 수 있다. 비슷한 나무로는 각종 참나무류, 그리고 느티나무, 벚나무, 단풍나무 등의 낙엽활엽수가 있다. 2위인 소나무는 바늘처럼 박히거나, 잎자루가 잔디 줄기에 엉켜 잘 떨어지지 않아서 제거하기가 쉽지 않다. 또한, 잎이 가늘어 가까이서 봐야 잘 보이기 때문에 온 그린 되었더라도 복병을 만나게 될 확률이 매우 높으므로 3미터 안쪽 라인에 소나무 낙엽이 있다면 귀찮더라도 반드시 제거해야 친 대로 볼이 굴러간다. 비슷한 나무로는 잣나무, 리기다소나무 등 상록침엽수가 있다. 낙엽폭탄으로 악명을 자랑하는 1위인 메타세쿼이아 잎은 크기가 잔디와 비슷하여 잔디 사이사이에 손가락 깍지를 낀 것처럼 붙어있어서 페어웨이에서도 에이프런에서도 그리고 퍼팅그린에서도 골칫거리가 된다. 꼼꼼히 제거하는 수고를 들여야 1타를 아끼고 짧은 퍼팅을 놓친 후에 오는 멘탈붕괴를 예방 할 수 있다.

이런 낙엽처럼 어딘가에 붙어있지 않은 모든 자연물을 골프규칙에서는 루스임페디먼트(Loose Impediment)라고 한다. 돌멩이, 붙어있지 않은 풀, 나뭇가지, 나무토막, 동물의 사체와 배설물, 벌레와 곤충, 벌레나 곤충처럼 쉽게 제거할 수 있는 동물, 그런 동물들이 만든 흙더미나 거미줄, 뭉쳐진 흙덩어리, 에어레이션 찌꺼기 등이다. 하지만 자라거나 지면에 단단히 박혀있는 것은 루스임페디먼트가 아니고, 또한 퍼팅그린 밖에 있는 모래와 흩어진 흙은 루스임페디먼트가 아니다. 이슬과 서리와 물은 루스임페디먼트가 아니지만, 눈과 천연 얼음은 루스임페디먼트이며, 지면에 있는 경우에는 플레이어의 선택에 따라 일시적으로 고인 물로 간주될 수 있다.

규칙15.1a에 의하면 루스임페디먼트는 벌타 없이 코스 안팎 어디에서나 손, 발, 클럽 또는 수건, 모자 등 그 밖의 장비를 사용해 제거할 수 있다. 커다란 나뭇가지를 치울 때 갤러리들의 도움을 청할 수도 있다. 하지만 퍼팅그린 밖에서 볼 가까이 있는 루스임페디먼트를 제거하다가 볼을 움직이면 1벌타를 받는데, 제거된 것은 제자리에 갖다두지 않아도 된다. 하지만, 구제구역에서 드롭할 때 구제구역 안에 있거나 드롭한 볼이 멈추지 않아 볼을 플레이스할 지점이나 그 주변에 있는 루스임페디먼트는 제거할 수 있다.

1999년 PGA 투어 피닉스오픈 최종 4라운드에서 타이거 우즈가 13번 홀(파5)에서 티샷 한 볼이 큰 돌덩이 뒤에 멈췄다. 우즈는 경기위원에게 이 돌이 루스임페디먼트인지 판단을 요구했고, 루스임페디먼트라는 판정이 나오자 우즈는 15명 정도의 갤러리들 도움을 받아 돌덩이를 옮긴 뒤 2온에 성공해 버디를 잡았다. 프로 시합에서 소형차만큼의 무게가 나가는 바위가 루스임페디먼트인지에 대한 판정을 요구한 건 우즈가 처음이었지만, 그가 골프 룰에 대해 잘 알고 있었기 때문에 가능했던 일이다.

18세기 중엽 영국의 시인 토마스 그레이(Thomas Gray)가 '멀리 이튼학교를 바라보는 노래(Ode on a Distant Prospect of Eton College)'에서

'모르는 게 약이다'(Ignorance is bliss)라고 한 것은 무식함을 옹호한 것이 아니라 자신의 운명에 대해서는 모르는 게 낫다고 말한 것이다. 규칙을 모르면 그것은 약 중에서도 독약이다.

51. 코스의 움직일 수 있는 장해물이란?

2000년 모바일 인터넷 초창기 시절에 '움직이는(mobile)' 특성을 강조한 '움직이는 사랑'(mobile love)으로 유명해진 "사랑은 움직이는 거야"라는 광고 문구가 있었다. 차태현과 김민희를 주연으로 한 시리즈 광고물로서 그 당시 신세대들의 사랑관을 보여주었다. 구세대 남성 중심의 '일편단심' 사랑관이 21세기 새 천년 밀레니엄(millennium)시대의 변화 속도에 맞춰 충족된 것은 더 이상 욕망의 대상이 아니니 끊임없는 결핍과 욕망을 채우기 위해 새로운 대상을 찾아 변하고 움직인다는 것이다.

골프코스에도 움직일 수 있는 장해물(Movable Obstruction)이 있다.(15.2) 사람이 만들어 놓은 인공물 중에서 합리적인 노력으로, 그 장해물이나 코스를 훼손시키지 않으면서 움직일 수 있는 장해물을 말한다. 거리나 페널티구역 표시 말뚝, 골프 카트, 플레이어의 장비, 깃대, 고무래, 방송카메라, 고무호스, 갤러리의 휴대용 의자나 돗자리 등이다.

움직일 수 있는 장해물은 벌타 없이 구제를 받을 수 있는데, 플레이어가 장해물을 제거하고 있는 동안 볼이 움직여도 페널티는 없으며, 그 볼은 반드시 원래의 지점에, 그 지점을 알 수 없는 경우에는 반드시 추정해서 리플레이스(replace)해야 한다.(15.2a) 하지만, 움직이고 있는 볼에 영향을 미치기 위하여 고의로 움직일 수 있는 장해물을 제거해서는 안 된다.

구제방법은 먼저, 단순히 장해물이 스탠스나 스윙에 방해될 때는 장해물을 제거한 후 스윙하면 된다. 예를 들어 빨간 페널티구역 표시말뚝이 스윙에 방해가 되면 말뚝을 뽑아 옆으로 치우고 샷을 한 후 다시 제자리에 말뚝을 꽂아두면 된다. 두 번째로, 볼이 고무래 같은 장해물에 닿아 있는 경우에 먼저 장해물을 제거해서 볼이 안 움직이면 그대로 플레이하고, 만약 그 과정에서 볼이 움직이면 벌타 없이 그 볼을 원래의 지점에 다시 놓고 플레이하면 된다. 주의해야 할 점은 장해물부터 제거해야 한다는 것이다. 볼부터 집거나, 볼이 움직이지 않도록 볼을 잡고 있으면 1벌타다. 세 번째로, 볼이 비닐이나 돗자리 같은 장해물의 위나 안에 있는 경우에는 벌타 없이 볼을 먼저 집어올리고 장해물을 제거한 후 정지한 지점의 바로 아래로 추정되는 지점을 기준점으로 해서, 홀에 더 가깝지 않은 한 클럽 길이 이내의 구제구역에서 볼을 드롭하면 된다. 퍼팅그린이라면 장해물을 제거한 후에 드롭하지 않고 볼이 정지한 것으로 추정되는 지점에 원래의 볼이나 다른 볼을 놓고 퍼팅하면 된다.

돌멩이, 붙어있지 않은 나뭇잎이나 풀, 나뭇가지, 그리고 벌레와 곤충 같은 자연물인 루스임페디먼트(Loose Impediment)도 벌타 없이 코스 안팎 어디에서나 제거할 수 있지만, 움직일 수 있는 장해물과의 차이점은 퍼팅그린과 티잉구역 이외의 장소에서는 루스임페디먼트를 제거하다가 볼을 움직이면 1벌타를 받는다는 것이다.

'사랑은 움직이는 거야'는 4편으로 제작되었는데 1편에서 다른 남자와의 데이트 장면을 들킨 여주인공이 남자친구한테 "내가 니꺼야? 난 누구한테도 갈 수 있어!"라고 하지만, 2편에서 힘들게 이별을 받아들인 남자에게 3편에서 여자는 다시 시작하자는 메일을 보내고 남자의 새 여자 친구가 그 메일을 삭제해버린다. 4편 공항장면에서 여행을 다녀온 남자와 새 여자 친구 앞에 그녀가 나타나 울다가 '오빠 정말 미안해, 이젠 행복해야 돼'라는 문자를 보내고, 건널목을 다 건널 즈음 메시지를 읽은 남자는 돌아서 그녀에게 달려간다. 그 순간 '끼-익' 하는 자동차 급정거 소리가 들리며 세 남녀의 얼굴이 짧게 오버랩 된다. 그리고 광고는 시청자에게 다시 한 번 묻는다. "정말 사랑은 움직이는 것인가?"

"오겡끼데스까…와따시와 겡끼데스"라는 대사로 유명한 가슴 아픈 사랑 얘기인 영화 '러브레터'의 감독 이와이 슌지는 '언두(UNDO)'라는 작품에서 진정한 사랑은 '아름다운 구속'이 아니라고 강조하지만, 시대와 세대를 불문하고 아름다운 사랑은 집착을 위한 구속도, 욕망을 채우기 위한 아니면 말고 식의 움직이기만 하는 사랑도 아니다. 고양이는 생선을 좋아할까, 사랑할까? 고양이가 생선을 사랑한다면 긴 시간 굶주림의 고통과 아픔 속에서도 사랑을 지키며 죽어갈 것이다. 사랑이 아름다우려면 그래야 하는 것이다.

52. 코스의 움직일 수 없는 장해물이란?

찰리 채플린의 명언으로 '인생은 멀리서 보면 희극이지만, 가까이 들여다보면 비극'이라는 말이 있다. 골프코스를 거니는 골퍼들의 모습을 멀리서 보면 너무나 행복해 보이지만 좀 더 다가가 그 내막을 보면 O.B, 생크나 쓰리 퍼트, 더블 파 등 비극도 그런 비극이 없다. 대부분의 사람들이 장해(障害)와 장애(障礙)를 헷갈려하지만 골프코스에서 만나는 것들은 장해물이다. 물론 벙커에만 들어가면 빠져나오지 못하고 헤맨다면 '벙커장애인'이란 소리는 들을 수 있다.

골프코스에서 장해물(Obstruction)이란 사람이 만들어 놓은 모든 인공물을 말한다. 인공적으로 포장된 도로와 길 및 그 도로나 길의 인공적인 경계부분, 건물이나 우천 시의 대피시설, 스프링클러 헤드, 배수구, 관개시설, 컨트롤박스, 말뚝, 벽, 철조망, 울타리, 골프 카트, 잔디 깎는 기계, 자동차 및 그 밖의 차량, 쓰레기통, 표지판, 벤치, 플레이어의 장비, 깃대, 고무래 등이다. 그러나 울타리나 말뚝이 코스의 경계물로 사용된 경우 이러한 물체는 장해물이 아니다. O.B를 나타내는 하얀색 말뚝이나 티잉구역을 표시하는 티마커는 고정물로서 이동하거나 제거할 수 없다. 위반하면 2벌타다.

장해물 중에서 움직일 수 없는 장해물(Immovable Obstruction)은 불합리한 노력 없이는 움직일 수 없거나 그 장해물이나 코스를 훼손시키지 않고는 움직일 수 없으며 '용어의 정의'상 움직일 수 있는 장해물에 해당되지 않는 장해물을 말한다. 어떤 장해물이 움직일 수 있는 것이라도 위원회는 그것을 움직일 수 없는 장해물로 규정할 수 있고, 돌담에 붙어있지는 않지만 그 돌담의 일부인 돌처럼 움직일 수는 있지만 움직여서는 안 되는 것인 경우에는 움직일 수 있는 장해물로 간주되지 않는다.

볼이 움직일 수 없는 장해물을 포함한 비정상적인 코스 상태(Abnormal Course Conditions; 동물이 만든 구멍·수리지·움직일 수 없는 장해물·일시적으로 고인 물)에 닿아있거나 그 상태의 안이나 위에 있는 경우, 또는 그 상태가 플레이어의 의도된 스탠스나 스윙 구역에 방해가 되는 경우에는 플레이어는 그 상태로 인한 방해로부터 페널티 없는 구제를 받을 수 있다. 물론 구제를 받지 않고 그대로 플레이해도 된다.(16.1)

이러한 상황에서는 그 장해물로부터 벗어나 방해받지 않고 샷을 할 수 있는 가장 가까운 완전한 구제지점(Nearest Point of Complete Relief)을 정하고, 그 기준점으로부터 홀에 더 가깝지 않은 한 클럽 길이 이내에 구제구역을 설정한 뒤 무릎 높이에서 원구 또는 다른 볼로 드롭하여 그 볼이 구제구역 안에 정지하면 플레이하면 된다. 구제를 받는 경우 플레이어는 반드시 비정상적인 코스 상태로 인한 방해로부터 완전한 구제를 받아야한다.(16.1b) 위반하면 2벌타다. 플레이어가 구제를 받고 난 후 또 다른 상태로 인한 방해가 있고 그 상태로부터 구제가 허용되는 경우, 플레이어는 그 새로운 상태로부터 방해를 받지 않는 새로운 가장 가까운 완전한 구제지점을 결정하여 다시 구제를 받을 수 있다.

오래전 읽었던 '내가 흐르지 않으면 시간도 흐르지 않는다'라는 작가의 생각을 제목으로 하여 자기 자신이 시간의 주인이 되어야 한다는 메시지를 담고 있던 이외수님의 〈아불류 시불류(我不流 時不流)〉 중에 기억나는 구절이 하나 있다. "고수는 머릿속이 한 가지 생각으로 가득 차 있고, 하수는 머릿속이 만 가지 생각으로 가득 차 있다." 코스에서 장해물을 만나면 고수는 한 타를 버려 그 순간을 벗어나지만 하수는 한 타를 아끼려다 더 큰 위험을 초래한다. 고수는 위기를 벗어나겠다는 한 가지 생각만 하지만 하수의 머릿속은 그 순간이 아닌 파나 버디로 그 홀을 끝내겠다는 욕심으로 가득 차 있기 때문에 실수를 거듭하는 것이다. 그대는 하수인가 고수인가?

Hole 14
par3

그늘집 이야기 4

53. 새해를 맞는 희망의 꽃 'Snowdrops'
54. 더블 터치(double touch)는 무벌타
55. 프로골퍼 패트릭 리드는 사기꾼(cheater)인가?

53. 새해를 맞는 희망의 꽃 'Snowdrops'

10월에 알뿌리를 심어 초봄에 꽃을 피우는 갈란투스(Galanthus), 눈풀꽃 또는 설강화(雪降花)라는 다양한 이름을 가진 꽃이 있다. 나의 스승이자 삶의 멘토이시며 시인이자 영문학자이신 김명복 교수님이 '겨울 끝자락에 봄이 있고, 차가운 절망의 겨울에 꿈꾸는 자가 봄에 꽃을 피웁니다'라는 메시지와 함께 루이즈 글릭의 'Snowdrops'라는 영시 한편을 보내주셨다. 끝이 보이지 않는 코로나19의 긴 터널 속에서 무기력한 인간의 존재에 좌절하며 고립과 단절, 불안 속에 살고 있는 상황에서 모두가 읽으면 좋은 시라고 생각한다.

내가 누구이고 어떻게 살았는지 그대는 아시나요?
절망이 무언지 그대가 안다면 겨울의 의미를 이해할 거예요.

대지가 나를 누르고 있어 견뎌낼 것 이라 기대하지 못했어요.
다시 깨어나 습한 땅속의 내 몸을 느끼고

그렇게 오랜 시간 후에 이른 봄 차가운 햇빛 속에서
다시 꽃 피우는 법을 기억하여 반응하리라 기대하지 못했어요.

두려워요. 하지만 두려움에 떨면서도 다시 그대와 함께
새 세상의 모진 바람 속에서 기쁨을 맞이합니다.

루이즈 글릭(Louise Gluck, 1943~)은 2020년 노벨문학상 수상자로 선정된 미국의 여류시인이자 예일대학교 교수다. 잠시 피는 꽃이지만 끈질기고 강인한 야생화를 노래한 '야생 붓꽃(The Wild Iris)'으로 퓰리처상과 윌리엄 카를로스 윌리엄스상 등 미국의 여러 문학상을 두루 수상했다. 설강화는 수선화과의 여러해살이 알뿌리 초본식물이며, 눈 속에서 줄기가 나와 춘분 전 이른 봄에 꽃대 끝에 흰 꽃을 피운다. 이름처럼 눈 밑 추위에서 살아남아 이른 봄 가장 먼저 꽃을 피우는 까닭에 첫사랑, 희망이라는 꽃말을 지니고 있다. 체코의 문호 카렐 차페크(Karel Capek)는 이 꽃을 '봄의 메시지'라고 예찬하며, "아무리 지혜로운 나무나 명예로운 월계수라 해도 찬바람에 하늘거리는 창백한 줄기에서 피어나는 설강화의 아름다움에는 견줄 수 없다"라고 말한 바 있다.

겨울 골프를 나가서 눈 위에 볼이 멈추거나 쌓인 눈 속에 볼이 들어가면 어떻게 해야 할까? 눈이나 천연 얼음은 루스임페디먼트이며, 지면에 있는 경우에는 비정상적인 코스 상태 중의 하나인 '일시적으로 고인 물'(Temporary Water)로 간주될 수 있기 때문에 한 클럽 길이 이내의 구역 안에 드롭해서 무벌타 구제를 받을 수 있다.(16.1) 다시 말해서 눈을 치우고 칠 수도 있고, 볼을 옮기고 칠 수도 있다는 것이다. 골프 룰에서는 일시적으로 고인 물은 지표면에 일시적으로 고인 물로서, 페널티구역에 있는 물을 제외하고 플레이어가 스탠스를 취하기 전과 후에 볼 수 있는 물을 말한다. 플레이어가 지면에 섰을 때만 잠시 물이 보이는 정도로는 일시적으로 고인 물이라고 할 수 없다. 이슬과 서리는 고인 물이 아니지만, 눈과 천연 얼음은 일시적인 고인 물로 간주될 수 있다.

결국 겨울은 지나가고 봄은 온다. 2020년을 힘겹게 보내고 코로나 위협 속에서도 각자의 자리를 지키며 최선을 다해 나의 조국, 자랑스러운 대한민국을 건강하게 지켜낸 모든 분들의 신축년(辛丑年) 2021년을 '위하여'라고 쓰고, 'We Are Young'이라고 읽는다.

54. 더블 터치(double touch)는 무벌타

주말골퍼들이 흔히 '투 터치'라고 하는 '더블 터치'(double touch / double hit)는 골프 이외의 스포츠에서도 쓰이는 용어다. 펜싱에서는 양 선수가 거의 동시에 검을 닿게 하는 상황을 말하고, 스쿼시 및 배드민턴에서는 볼이나 셔틀콕을 2번 치는 타법인데, 이 행위는 반칙이며, 점수나 서브권을 잃게 된다. 배구에는 더블 터치 네트(Double touch net)가 있는데 이것은 대전하는 양 팀의 플레이어가 안테나 네트에 동시에 닿는 것으로 더블 폴트가 되어서 노 카운트다. 테니스에서는 플레이어가 무의식중에 한 더블히트는 상대 선수에 대한 방해 행위로 간주하지 않지만, 고의적인 경우에는 주심의 판단에 따라 실점으로 처리하고, 야구에서 타자가 한 번 친 공을 다시 때리면 타자는 아웃이다.

골프에서는 한 번의 스트로크에 볼이 클럽헤드에 두 번 이상 맞으면 1벌타를 받았지만 2019 개정규칙 10.1a에 따르면 플레이어의 클럽이 우연히 두 번 이상 볼을 맞히더라도 그것이 한 번의 스트로크로 그렇게 된 경우에는 벌타가 없다. 우연히 발생한 '더블 터치'는 벌타가 없지만, 움직이고 있는 볼을 고의로 두 번 이상 치면 그 스트로크는 인정되고 2벌타를 받는다.

'골프 황제' 타이거 우즈는 한 번의 스트로크에서 볼을 두 번 치고도 벌타를 면했다. 2018년 12월 1일 히어로 월드 챌린지 2라운드 마지막 18번 홀(파4)에서 우즈의 티샷이 페어웨이 오른쪽 야자나무 아래 덤불 속에 떨어졌다. 덤불 때문에 백스윙조차 할 수 없었던 우즈는 한쪽 무릎을 꿇은 채 손목의 스냅을 이용해 순간적으로 볼을 쳐냈다. 그런데 경기가 끝난 후 규칙을 위반한 것 아니냐는 논란이 생겼다. 경기위원회가 당시 장면을 느린 화면으로 확인한 결과 볼을 두 번 친 것으로 밝혀졌다. 그러나 마크 러셀 PGA 투어 룰 부위원장은 "기본적으로 플레이어가 자신의 룰 위반 사실을 몰랐고, 그 위반 사실을 슬로 모션 기술 등을 통해서만 알 수 있을 때는 벌타를 받지 않는다"고 설명했다.

골프규칙에서는 올바르게 볼을 치는 방법(10.1a)과 스트로크할 때 클럽을 몸에 고정시켜서는 안 된다(10.1b)는 것을 규정하고 있다. 스트로크를 할 때, 플레이어는 반드시 클럽의 헤드로 올바르게 볼을 쳐서 클럽과 볼 사이에 순간적인 접촉만 일어나도록 하여야 하며, 볼을 밀어내거나 끌어당기거나 퍼 올려서는 안 된다.

짧은 퍼트가 남았을 때 당구하듯이 클럽헤드의 바닥으로 볼을 쳐서 홀에 넣는 것은 밀어내기고, 클럽을 자신 쪽으로 끌어 당겨 볼을 움직이는 것은 끌어당기기고, 클럽을 볼 밑으로 밀어 넣은 후 앞이나 위로 들어 올려 볼을 움직이는 것은 퍼올리기다. 고의로 플레이선이나 그 선의 후방으로의 연장선을 가로지르거나 밟고 선 스탠스를 취한 채 스트로크를 해서도 안 된다. 이런 방식으로 스트로크를 하면 2벌타다.

스트로크를 할 때, 브라이슨 디샘보처럼 퍼터그립을 팔뚝에 대는 것은 괜찮지만 클럽이나 클럽을 쥔 손을 몸에 붙여서 직접적으로 클럽을 고정해서는 안 되며, 클럽이나 클럽 쥔 손 또는 팔뚝(팔꿈치에서 손목까지의 부분)이 몸이나 옷에 닿기만 하는 것은 허용되지만 팔뚝을 몸에 붙여서 클럽을 쥔 손을 안정적인 지점으로 사용하여 다른 손으로 클럽을 휘두를 수 있도록 어떤 '고정점'을 이용하여 간접적으로 클럽을 고정해서도 안 된다.

영화 〈타짜〉의 대사 중 인기를 얻은 "묻고 더블로 가"는 주인공 고니와 곽철용이 '섰다'를 하는 장면 중에 나온다. 곽철용이 7땡이 나왔는데, 고니가 49가 나와서 재경기를 해야 하는 상황에서 판을 키우려는 고니의 함정에 걸려드는 곽철용의 대사다. 무리수를 두는 그의 미래는 모두가 예측한 대로 망한다. 골프 내기에서 흔히 쓰는 앞사람이 베팅한 금액만큼 본인도 베팅하고, 판 끝내기를 신청하는 '콜'이나 앞사람이 베팅한 금액의 두 배를 베팅하는 '따당'도 섰다에서 쓰이는 용어다. 38광땡 잡을 때까지 묻고 더블로 가는 코스 공략으로는 절대 고수가 될 수 없다. '언제나, 한결같이'라는 뜻의 '또바기'가 일발 장타를 잡는 것이 골프다.

55. 프로골퍼 패트릭 리드는 사기꾼(cheater)인가?

미국프로골프(PGA) 투어 2021 파머스 인슈런스 오픈 3라운드 10번 홀(파4)에서 세계랭킹 11위 패트릭 리드(미국)의 '박힌 볼(embedded-ball)' 구제가 논란에 휩싸였다.

상황은 이랬다. 미국 캘리포니아주 샌디에이고 라호야의 토리파인스 골프코스는 1인치 이상 내린 비 때문에 잔디를 깎을 수 없을 정도로 젖어 있었다. 3라운드 파4 10번 홀 4타차 단독 선두였던 패트릭 리드의 티샷이 페어웨이 벙커에 빠졌고, 그곳에서 친 두 번째 샷이 카트 도로 옆 깊은 러프로 떨어졌다. 캐디와 함께 걸어간 패트릭 리드는 볼 옆에 서 있는 자원봉사자에게 볼이 바운스되었는지 먼저 물어본 후 바운스되지 않았다고 대답하자 볼 옆에 티(tee peg)를 꽂고 볼을 집어 들어 두 클럽 이상 떨어 진 곳에 볼을 놓아두고 경기위원을 불렀다. 경기위원 브래드 파벨(Brad Fabel)이 다가오자 이 볼은 바운스되지 않았고 박힌 볼이어서 볼을 들어 확인했으니 다시 한 번 확인(double check)해 줄 것을 요구했고, 그의 지시대로 드라이버 한 클럽 거리에서 구제를 받고 어프로치를 해서 파세이브를 했다. 하지만, 비디오를 리플레이해본 결과 그 볼은 러프에 떨어진 후 30cm 정도 바운스되었다가 떨어진 것이 확인되어 박힌 볼에 의한 무벌타 구제를 받은 것은 잘못된 것이라는 논란이 생긴 것이었다.

먼저, 패트릭 리드가 골프 룰 16.3b에 따라 한 클럽 이내에서 드롭하여 박힌 볼에 의해 구제를 받은 것은 아무런 문제가 없다. 박힌 볼이란 플레이어의 직전의 스트로크로 인하여 볼이 그 볼 자체의 피치마크에 들어간 채 그 볼의 일부가 지면 아래에 있는 상태를 말하는데, 그는 볼이 바운스되지 않고 박혔다는 것을 볼이 정지한 지점 주위에 있었던 자원봉사자의 증언으로 확인하고, 경기위원에게 박힌 자국을 재확인 요청해서 구제를 받은 것이다. 볼을 움직이지 않은 채 경기위원을 불러 박힌 볼 여부를 확인한 뒤 볼을 집어 올렸다면 좋았겠지만 비정상적인 코스 상태나 박힌 볼로 인해 구제가 가능한 상태인지 확인할 때 상대방에게 통보 없이 마크하고 볼을 집어 들 수 있기 때문에 규칙위반은 아니다.

두 번째, 바운스 없이 박힌 볼인지 아닌지 알고 있었느냐의 문제다. 플레이어의 볼이 어떻게 되었는지를 판단하는 기준은 '알고 있거나 사실상 확실한(Known or Virtually Certain)'것 이다. '알고 있거나'란 플레이어나 다른 목격자가 플레이어의 볼에 일어난 문제적인 상황을 직접 목격한 경우처럼, 그 상황에 관한 결정적인 증거가 있다는 것이며,

'사실상 확실한'이란 일말의 의심의 여지는 있지만, 합리적으로 이용할 만한 모든 정보가 그 상황에 관하여 적어도 95%의 확실성을 보여준다는 것을 의미한다. 여기서 '합리적으로 이용할 만한 모든 정보'란 플레이어가 알고 있는 모든 정보와 플레이어가 경기를 부당하게 지연시키지 않으면서 합리적인 노력으로 얻을 수 있는 그 밖의 모든 정보를 말한다. 패트릭 리드는 볼에 가장 가까이 있던 자원봉사자로부터 정보를 얻어 박힌 볼로 판단한 것이기 때문에 이 또한 비난의 여지가 없다.

미국 프로골퍼 패트릭 리드(세계랭킹 11위)는 2019년 히어로 월드 챌린지 3라운드에서 연습스윙을 하면서 볼 뒤의 모래를 치기 좋게 제거해 라이 개선으로 2벌타를 받아 비난을 받았었지만, 기본적으로 골프 룰을 잘 알고 이용할 줄 아는 골퍼다. 2020 센트리 토너먼트 오브 챔피언스 2라운드 15번 홀(파5) 두 번째 샷이 깊은 러프에 들어가서 자원봉사자들 덕에 볼을 찾은 후 리드는 자원봉사자가 풀을 건드려 볼이 더 밑으로 내려갔으니 원위치시켜 달라고 요구해 관철시켰고, 4라운드 때는 같은 홀에서 두 번째 샷이 그린 가장자리까지 약 1.8m되는 프린지에 멈췄다. 그 지점에서 퍼팅을 하는 것은 프린지 때문에 거리 조절이 쉽지 않았고, 프린지에는 스프링클러 덮개도 있었다. 프린지도 로컬룰 '프리퍼드 라이'에 의한 구제가 적용되는 것을 알고 있던 패트릭 리드는 먼저, 스프링클러 덮개 옆으로 볼을 구제받고 나서, 다시 스프링클러 덮개(움직일 수 없는 장해물)에 의한 구제를 받아 볼은 그린 가장자리에서 약 5cm 지점에 정지했고, 그 홀에서 버디를 기록했다.

이번 박힌 볼 구제로 비난받는 것은 비디오 리플레이로 확인한 증거 때문이다. 한 번 바운스가 된 뒤 정지했기 때문에 박힌 볼로 볼 수 없는데 구제를 받았다는 것이다. 하지만, 2017년 LPGA ANA 인스퍼레이션에서 렉시 톰슨이 3라운드 17번 홀 그린에서 볼의 위치를 잘 못 놓았다고 그 다음 날 4라운드 12번 홀을 끝내고 4벌타를 받았던 사건을 계기로 R&A 와 USGA는 시청자 제보나 비디오 판독에 의한 벌타 부과를 하지 않기로 룰을 개정했고 그 룰을 '렉시 룰'이라고도 한다. 2019 개정규칙 20.2c(비디오 증거를 사용할 때 '육안' 기준 적용하기)에서도 위원회가 재정을 하기 위하여 사실상의 문제를 판단하는 경우, 비디오 증거의 용도는 '육안' 기준으로 제한된다고 규정하고 있다. 비디오 화면에 나타난 사실을 육안으로 확인하는 것이 합리적으로 가능하지 않았을 것으로 판단되는 경우, 그 사실이 규칙 위반을 나타내더라도 그 비디오 증거는 무시될 수 있다. 하지만, '육안' 기준으로 비디오 증거가 무시되는 경우라도 플레이어가 규칙을 위반한 사실을 스스로 인지한 경우에는 규칙 위반에 해당된다.

따라서, 비록 경기위원이 오기 전에 볼을 먼저 들어 올렸고, 비디오 리플레이를 통해서 그 볼이 바운스되었다는 것이 밝혀졌더라도 패트릭 리드가 박힌 볼 구제를 받은 것에 플레이어의 책임은 없다. 골프 룰 20.2d(잘못된 재정을 바로 잡는 경우)에서도 레프리나 위원회가 내린 어떤 재정이 추후에 잘못된 것으로 밝혀진 경우 그렇게 하기에 너무 늦은 경우에는 잘못된 재정이 그대로 유효하다고 하고 있다. 행정적인 실수를 바로잡는 데는 시간제한이 없지만 잘못된 재정을 바로잡을 수 있는 시점에는 한계가 있기 때문이다. 3라운드가 끝난 후 박힌 볼 구제에 대한 논란이 일자 패트릭 리드는 볼이 바운스가 된 후 그라운드에 그렇게 박히는 것은 거의 불가능하고, 주변의 단 한 명이라도 볼이 바운스되는 것을 봤다고 했다면 박힌 볼 여부를 확인하지 않았을 것이라 인터뷰를 했고, PGA 켄 타켓(Ken Tackett) 경기위원장도 10번 홀 구제에는 아무 문제가 없었다고 말했다.

패트릭 리드는 10번 홀 박힌 볼 구제 이후 다음 여섯 개 홀에서 4개의 보기를 했지만, 마지막 라운드 4언더파를 기록해 우승을 했다. 규칙에 따른 구제가 정당했는지는 그 자신만이 안다. 법률과 양심이 다르듯이 말이다. 골퍼들이 OB가 나면 2타를 잃는다는 뜻의 'OB二落'으로 해석하는 '까마귀 날자 배 떨어진다'는 오비이락(烏飛梨落)란 속담이 있다. 우연의 일치로 일어난 일이 반복된다면 그건 우연이 아닐 것이고, 배가 자꾸 떨어지면 사람들이 그 까마귀를 그냥 놔두겠는가?

Hole 15
par5

페널티구역

56. 구제(relief)와 벌타는 죄와 벌
57. 코스에서 볼 수 있는 색깔의 의미
58. 볼이 페널티구역에 들어가면?
59. 낙엽 따라 가버린 볼 찾는데 허용된 시간은?
60. 멀리건(mulligan)은 덤인가?

56. 구제(relief)와 벌타는 죄와 벌

제121회 2021 U.S.오픈은 스페인 골퍼로는 최초로 존 람(Jon Rahm)이 우승을 하며 막을 내렸다. 마지막 날 17번 18번 홀 연속 버디를 포함하여 4언더파를 쳐서 합계 6언더파로 1위를 차지했다. 우승 확정 후 올 해 태어난 아기와 아내를 안아주며 키스하는 모습은 정말 아름다웠다.

골프에서의 구제(relief)와 벌타(penalty)를 볼 때면 러시아의 문호 표도르 도스토예프스키(Fyodor Dostoevsky)의 장편소설 '죄와 벌'(Crime and Punishment, 1866)이 생각난다. '아무 데도 갈 데가 없는 사람들로 가득찬 상트페테르부르크의 뒷거리가 무대인 이 소설 주인공 라스콜니코프는 고리대금업자 노파를 죽인 후 예심판사가 대는 혐의에 대해서는 논리적으로 맞서나가면서도 죄의식의 중압에 견딜 수 없게 되고, 결국 자수하여 시베리아로 유형(流刑) 된다.

죄와 벌의 주인공이 스스로 자수하여 죄에 따른 벌을 받았듯이 플레이어는 스스로 규칙을 적용하여야 할 책임이 있다.(1.3b) 여러 번의 규칙 위반에 대한 페널티 적용은 관련되지 않은 행동으로 위반한 경우는 각각의 위반에 대하여 별개의 페널티를 받고, 하나의 행동이나 관련된 행동으로 위반한 경우에는 그 중 더 높은 단계의 페널티 하나만 받는다.(1.4c)

구제는 일반적으로 무벌타구제(free relief)와 페널티구제(penalty relief)로 나뉜다. 규칙15 루스임페디먼트, 움직일 수 있는 장해물로 부터의 구제와 규칙16에 의해 비정상적인 코스 상태, 위험한 동물이 있는 상태, 박힌 볼로부터의 구제가 대표적인 무벌타 구제고, 반면에 페널티 구제는 규칙17 페널티 구역, 규칙18 분실된 볼, 아웃오브바운즈, 프로비저널볼 그리고 규칙19 언플레이어블볼에 관련된 것들이다.

구제받을 때 구제 상황이 계속되면 연속해서 구제를 받을 수 있다. 2021 U.S.오픈에서 우승경쟁을 하던 매켄지 휴즈(캐나다)는 마지막 라운드에서 6오버파로 무너졌는데, 11번 홀에서 그의 티샷한 볼이 페어웨이를 벗어나 카트도로에 한 번 튕긴 후 근처 나무 위로 올라갔다. 카메라맨의 도움으로 자신의 볼인지 확인한 후 규칙19(언플레이어블볼)에 따라서 1벌타를 받고 수직 아래를 기준 점으로 두 클럽 이내에서 드롭 구제를 받은 후, 다시 카트도로가 걸려 한 클럽 이내 무벌타 구제를 받고 샷을 했다.

도스토예프스키는 1849년 4월 러시아의 전제정치와 농노제를 비판하는 혁명사건에 휘말려 사형을 선고받았다가 사형집행 직전 니콜라이 1세에 의해 형 집행이 정지되어 거의 죽을 뻔하다가 다시 살아남은 기사회생(起死回生)의 본보기다. 그렇다면 골프에서의 구제는 기사회생이 될 수 있을까? 2021 U.S.오픈에서 마지막 날 선두로 시작했지만 아깝게 1타 차이로 2위를 한 루이 우스트히즌(남아공)은 17번 홀 티샷이 페널티구역으로 들어가 측면 구제를 받았지만 그 홀에서 보기를 했고, 어렵게 18번 홀(파5)에서 버디를 잡았지만 5언더파로 메이저 준우승만 여섯 번째가 됐다. 4언더파로 시작한 마지막 홀 세 번째 샷이 홀에 들어가 이글로 연장전, 그리고 우승을 했다면 기사회생이지만 1벌타 구제는 '죄와 벌'일 뿐이다.

지은 죄가 있다면 벌을 받는 것이 당연하고, 페널티구역에 부과된 벌타를 받는 것도 자업자득(自業自得)이니 할 말이 없다. 그런데 티샷과 세컨드 샷 잘해 놓고 그린 주위에서 뒤땅(fat shot)이나 토핑(topping, 공의 중앙 또는 그 윗부분을 치는 미스 샷)을 내서 셀프 구속하는 채소장한테 변호사인 형님이 한마디 하셨다. "다 된 밥을 태워부렀네~." 알어. 니속도 속이 아니지?

57. 코스에서 볼 수 있는 색깔의 의미

골프규칙에 등장하는 색깔은 흰색, 빨간색, 그리고 노란색 3가지다.

먼저, 흰색 말뚝 또는 흰색 선은 위원회가 규정한 코스경계 밖의 모든 구역을 말하는 아웃오브바운즈(Out of Bounds)를 나타내기 위해 사용되는데, 볼이 코스에서 완전히 벗어나야 아웃오브바운즈다.(18.2a) 코스의 경계는 말뚝의 코스 쪽 접점들을 이은 선이나 흰색 선과 코스 쪽의 경계선이며, 말뚝이나 흰색 선 자체는 아웃오브바운즈에 있는 것이다. 아웃오브바운즈에 볼이 정지하면 1벌타를 받고 이전 샷 지점으로 돌아가서 다시 쳐야한다.

페널티구역은 빨간 페널티구역과 노란 페널티구역으로 규정되는데, 각 구역의 색깔은 플레이어가 선택할 수 있는 구제방법에 영향을 미친다.(17.1) O.B와는 달리 볼의 일부라도 페널티구역의 경계 안에 있는 지면이나 물체에 닿아있는 경우 그 볼은 페널티구역에 있는 것이다. 플레이어는 일반구역에 있는 볼에 적용되는 동일한 규칙에 따라 페널티 없이 그 볼을 놓인 그대로 플레이할 수도 있고, 규칙 17.1d나 17.2에 따른 페널티 구제를 받고 1벌타 후 페널티구역 밖에서 플레이할 수도 있다.

구제방법은 1벌타를 받고 (1)직전 샷한 지점을 기준으로 한 클럽 이내에서, (2)볼이 페널티구역의 경계를 마지막으로 통과한 것으로 추정되는 지점과 홀을 이은 직후방의 기준선에 따라 한 클럽 이내에서 원래의 볼이나 다른 볼을 드롭하여 플레이 할 수 있다. 또한 (3)빨간 페널티 구역에서는 페널티구역의 경계를 마지막으로 통과한 것으로 추정되는 지점을 기준점으로 두 클럽 길이 이내의 측면 구제를 받을 수 있다. 페어웨이를 가로지르는 개울이나 그린 앞의 연못과 같은 전형적인 노란 페널티구역이 아닌 코스의 측면을 따라 조성되어 후방선 구제가 어려운 경우에 빨간 페널티구역으로 지정된다.

드물지만 때로는 수리지(Ground Under Repair)를 나타내는 데 파란색 말뚝이 사용되기도 하지만, 더 일반적으로는 해당 지역 주변에 흰색 선이 그려져 있다. 로컬룰 모델 F-3.1과 F-3.2에서 수리지를 비정상적인 코스 상태로 간주할 때도 흰 선으로 표시하는 경우와 표시하지 않는 경우로 설명하고 있다. 희귀동식물 서식지나 환경에 민감한 지역을 나타내는 데 녹색 말뚝(Green Stakes)이 사용되기도 한다.

주말 골퍼들이 색깔을 볼 수 있는 다른 구역은 티잉구역과 퍼팅그린이다. 티잉구역은 가장 뒤쪽부터 파란색, 흰색, 빨간색 티마커로 표시되고, 퍼팅그린에서도 홀의 위치를 나타내기 위해 뒤쪽부터 파란 깃발, 흰색 깃발, 빨간 깃발을 사용하는데, 이러한 색깔의 사용은 규칙에 정해진 것이 아니기 때문에 골프장에 따라 달라질 수 있다.

이렇게 다양한 색깔이 골프코스에 등장한 것은 1856~57년 경 세인트 앤드루스(St. Andrews)골프장에 아웃-인 왕복 플레이할 때 각기 다른 퍼팅홀을 플레이하도록 각 그린에는 첫 번째와 마지막 반환점을 제외하고 두 개의 퍼팅홀이 만들어졌는데, 하나는 클럽하우스에서 외부로 나가는(outwards) 팀, 다른 하나는 클럽하우스 쪽으로 들어오는(inwards) 팀에 의해 플레이되는 '더블그린'(double green)이었다. 실수를 방지하기 위해 나가는 퍼팅홀은 흰색 깃대로, 들어오는 퍼팅홀은 빨간색 깃대로 표시되었는데, 이것은 예전 시스템에 비하면 중요한 개선책이었고, 특히 시합이 있는 날에 나가는 팀과 들어오는 팀이 같은 그린에서 우연히 마주쳤을 때 하나 뿐인 퍼팅홀 때문에 생기는 혼란과 지연을 방지할 수 있었다. 더블그린과 비슷하지만 전혀 다른 말로 쓰이는 요즘 골프장에서 볼 수 있는 얼터넛그린(alternate green)은 같은 홀에 독립된 두 개의 퍼팅그린이 있는 경우를 말한다.

색채의 전달을 통해 심리 진단 및 치료를 하는 칼라테라피(color therapy)라는 대체의학이 있다. 인간이 색채에 자극을 받아 어떤 반응을 하는 동안 뇌 속에서 일어나는 메커니즘을 통해 사람의 심리를 진단하고 치료한다. 주로 빨강, 노랑, 파란색을 사용하는데, 빨강은 심장

기능을 강화하여 스트레스 해소에 도움이 되고, 노랑은 두뇌활동을 자극하여 운동신경을 활성화시키고, 파란색은 뇌를 안정시켜 주고 초록은 마음을 평온하게 한다고 한다. 하지만 골프코스에서의 빨강은 스트레스를 급격히 높이고 노랑은 운동신경을 위축시켜 뒤땅이나 생크를 유발한다. 그나마 무벌타 드롭을 할 수 있는 파란색의 수리지와 초록의 잔디가 있어 목숨을 부지하고 집으로 돌아가는 것이다. 그런데, 흰색 O.B구역에 볼이 들어가도 칠 수 있으면 치겠다고 우기는 김여사, 당신 색맹이냐?

58. 볼이 페널티구역에 들어가면?

2021년 5월 31일 끝난 PGA투어 찰스 슈왑 챌린지 마지막 라운드 18번 홀(파4)에서 선두와 1타 차 2위였던 조던 스피스(미국)는 러프에서 피칭웨지로 친 160야드 세컨드 샷이 그린 너머 페널티구역으로 굴러 들어가서 보기를 하며 우승을 제이슨 코크랙(Jason Kokrak, 캐나다)에게 넘겨줬다. 또한, 5월 30일 KLPGA 지한솔 선수가 18언더파로 우승한 제9회 E1채리티오픈 1라운드 6번 홀(파5)에서 정연주 프로의 묘기 샷이 연출됐다. 볼이 페널티구역을 표시한 빨간색 라인을 넘어 연못의 바로 옆에 있는 러프에서 멈춘 것이다. 오른손잡이가 정상적인 스윙을 하려면 물속에 들어갈 수밖에 없었지만 정연주 프로는 물 밖에서 왼손잡이 스탠스를 취한 후 클럽 페이스를 돌려 잡고 샷을 하여 페어웨이로 탈출한 후 그 홀에서 파를 했다.

페널티구역은 플레이어의 볼이 그곳에 정지한 경우, 1벌타를 받고 구제받을 수 있는 구역을 말하는데, 바다, 호수, 연못, 강, 도랑, 지표면의 배수로, 하천을 포함한 코스 상의 모든 수역과 위원회가 페널티구역으로 규정한 코스의 모든 부분을 말한다. 페널티구역의 경계는 말뚝의 바깥쪽 접점을 이은 선 또는 지면 위에 칠한 선의 외곽선으로, 말뚝과 선은 페널티구역 안에 있는 것이다. 페널티구역 위를 지나는 다리나 그 경계 안에 뿌리를 둔 나무의 가지가 그 경계 밖으로 뻗어나간 경우처럼 어떤 물체가 페널티구역의 경계 안팎으로 양쪽에 걸쳐있는 경우에는 그 경계 안에 있는 부분만 페널티구역의 일부이다.

2019 개정규칙에 의하면 페널티 구역 안에서도 클럽을 지면에 놓을 수 있고, 루스임페디먼트를 제거할 수 있고, 연습스윙을 하며 지면이나 잔디를 파내도 페널티가 없다. 물론, 페널티구역의 볼은 놓인 그대로 플레이할 수도 있고, 1벌타를 받고 구제받은 후 페널티구역 밖에서 플레이할 수도 있다. 이제는 페널티 구역에서도 일반구역에 있는 볼에 적용되는 규칙과 동일한 규칙을 적용해서 플레이하면 된다.

페널티구역에는 두 가지 다른 유형의 페널티구역이 있으며, 각 구역은 그것을 표시하는 노란 페널티구역과 빨간 페널티구역으로 구별된다. 위원회가 어떤 페널티구역인지 색깔표시를 하지 않은 경우, 그 페널티구역은 빨간 페널티구역으로 간주된다. 페널티 구역에서 자신의 볼을 치면서 수풀 속에 숨어있는 다른 볼을 같이 쳤다고 하더라도 숨겨져 있던 볼을 치려는 플레이어의 의도는 없었기 때문에 잘못된 볼을 플레이한 것이 아니므로 페널티는 없다. 플레이어는 자신의 볼이 정지한 곳에서 플레이를 계속하면 된다.

2019 개정규칙 이전에는 벙커와 워터 해저드를 해저드구역이라고 했다. 하지만 이제는 해저드라는 용어를 두 개로 나누어 벙커(Rule 12)와 예전의 워터해저드와 병행워터해저드는 페널티구역(Rule 17)으로 구분했다. 골프 역사 초기에는 골프코스가 바닷가 근처 모래사장에서 발달했기 때문에 바다로 흐르던 작은 물줄기와 모래웅덩이들이 워터해저드와 벙커가 된 것이다. 벙커는 스코틀랜드어, 해저드는 캐디(Caddie)처럼 프랑스어에 기원을 두고 있다. 바닷물과 모래는 여름철 피서를 가서만 즐기면 좋겠다. 왜 깊은 산골 골프장에 바다 코스프레(costume play)를 해놨을까? 수영복 입고 라운드하라고?

59. 낙엽 따라 가버린 볼 찾는 데 허용된 시간은?

'가지 않은 길(The road not taken)'은 "단풍 든 숲속에 두 갈래 길이 있었습니다. 몸이 하나니 두 길을 가지 못하는 것을 안타까워하며, 한참을 서서 낮은 수풀로 꺾여 내려가는 한쪽 길을 멀리 끝까지 바라다보았습니다."라는 내용으로 시작되는 미국인들이 가장 사랑하는 시인인 로버트 프로스트(Robert Frost)의 대표적인 시다. 가을에 페어웨이를 벗어난 단풍든 숲속이나 풀이 무성한 곳에 떨어지면 볼이 숨어버려서 찾기가 거의 불가능하며, 낮은 수풀로 꺾여 내려가는 길은 이미 페널티나 OB구역으로 지정되어 있을 것이다.

현대의 모든 스포츠 분야가 추구하는 '볼 데드'(ball dead) 상황을 줄이고 '경기 시간 단축, 인플레이 시간 확대'라는 속도경쟁의 경향에 맞춰 골프에서도 분실구 찾는 시간을 5분에서 3분으로 줄였다. 미국 야구 메이저리그에서는 교체된 투수는 최소 3타자를 상대해야 한다거나, 마운드 방문 횟수를 줄인다거나 심지어는 야구 역사상 바뀌지 않고 있는 투구 거리 60피트(18.44m)를 늘리는 안까지 고민중이다. 보수적인 스포츠로 통하는 축구계도 2017년 축구 규칙을 관장하는 국제축구평의회(IFAB)는 1800년대 후반 이후 변한 적이 없던 전·후반 45분씩, 총 90분인 경기 시간을 전·후반 30분씩, 총 60분으로 단축하는 방안을 제시했다. 터치아웃, 파울, 선수 교체 등은 경기 시간에서 빼고 실제 경기 시간을 60분으로 정하자는 것이다.

규칙18.2a에 의하면 플레이어나 플레이어의 캐디가 볼을 찾기 시작한 후 3분 안에 발견되지 않은 경우, 그 볼은 분실된 것이어서, 직전 스트로크 지점에서 **1벌타를 받고** 티잉구역이면 티를 사용하여 어디서든 플레이할 수 있고, 일반구역이나 페널티구역, 벙커라면 직전에 샷을 한 지점을 기준점으로 한 클럽길이 이내에서 드롭하고 플레이한다. 플레이어나 캐디가 볼을 찾기 시작한 시점부터 3분 안에 발견되면 그 볼을 확인하는 데 필요한 합리적인 추가 시간은 허용되고, 또한 플레이어가 볼이 발견된 지점에 있지 않으면 볼까지 가는 데 필요한 시간도 허용된다. 하지만 3분이 지난 후에 찾은 볼을 플레이하거나(잘못된 볼), 볼을 찾을 수 없어서 분실한 지점에서(잘못된 장소) 다른 볼을 플레이하면 2벌타를 받고 반드시 직전 스트로크한 지점에서 다시 플레이해야 한다.

그런데, 왜 공식규칙에서 골프 볼을 찾는 시간을 명시해 두었을까 궁금해졌다. 골프 역사를 살펴보면 골프 경기방식이나 골프코스의 길이, 골프클럽 발달에 가장 큰 변화를 초래한 것은 골프 볼이었다.

1400년대 초 골프 볼은 단단한 목재로 만든 나무 볼이었고, 이 나무 골프 볼은 페더리(feathery)라는 깃털 볼이 발명된 17세기까지 사용되었다. 소가죽 안에 거위 깃털을 채워 손으로 볼을 만드는 것은 쉬운 일이 아니었다. 따뜻한 물에 적신 가죽을 꿰매어 볼 모양을 만들고, 작은 구멍을 통해 삶은 깃털을 채워 넣으면 표면이 마르면서 가죽은 줄어들고 안에 있는 깃털은 확장되어 단단해진다. 페더리 한 개를 만들기 위해서는 한 양동이의 삶은 거위 깃털이 필요했고, 숙련된 기술자도 하루에 3~5개 정도만을 생산할 수 있었다.

초기의 나무클럽으로 150~200야드를 보낼 수 있는 비교적 단단한 볼을 만들었는데, 볼 하나의 가격이 약 4~5실링이었다. 영국을 경제적으로 고립시키기 위해 시작되었던 나폴레옹 전쟁(1803-1815) 당시 영국군 병사의 하루 일당이 1실링이었다고 하니 페더리 골프공 한 개를 요즘 가치로 환산하면 약 50~60달러에 해당한다. 이런 골프 볼의 가격을 생각해보면 19세기 중반에 값싼 고무공인 '구타페르카'가 발명되어서야 골프의 대중화가 이뤄지기 시작했고, 또한 왜 티잉구역에서 잘 안 보이는 코스에는 볼이 떨어지는 지점을 확인하기 위해 포어캐디(fore caddie)를 세워놓고 자신이 친 볼이 엉뚱한 곳으로 갈 때마다 애타게 큰 소리로 '포어'를 외쳤는지 이해가 간다.

주말골퍼들이 치는 골프 볼이 한 개에 7만 원 정도라면 볼 찾는 시간이 3분이 아니라 30분을 줘도 숲속에서 나오지 않을 것이고, 골프 볼에 GPS 추적장치를 해놓고 플레이할 지도 모른다. 매홀 볼을 잃어버리면서 신은 감당할 수 있는 만큼의 시련만 주신다는 '고린도전서 10장 13절' 말씀을 생각하며 신은 나를 도대체 얼마나 강하게 보신 걸까 의심해보기도 하지만, 요즘은 천 원으로도 볼 하나 살 수 있으니까 집 나간 볼 산삼 찾듯이 찾지 말고, 겨울 채비하느라 먹이 활동이 왕성한 뱀한테 물려 일찍 골프 접지 말고, 적당히 찾고, 다음 샷에 집중하자.

60. 멀리건(mulligan)은 덤인가?

우리나라의 상거래 문화에서 빼놓을 수 없는 독특한 것이 있다면 바로 '덤'이다. '덤'이란 제 값어치 외에 조금 더 얹어 주는 것을 말하는데, 한국인들의 거래 방식은 물건에 매겨진 값을 치르고 물건을 받는 것만으로 끝나지 않고 그 과정에서 무형의 정서적인 관계도 거래하는 것이다. 물론 영어에도 우리말의 '덤'에 해당하는 표현인 'Baker's dozen'이 있다. 13세기 중세 유럽에는 빵을 굽는 사람들의 기술이 부족해 빵의 무게가 일정하지 않아서 국가에서는 빵의 무게를 속여 파는 상인의 귀를 대문에 박거나 손을 도끼로 잘라내는 등의 벌을 주었다. 상인들은 형벌을 받지 않으려고 손님들에게 한 개 정도 여분의 빵을 더 주게 되어서 원래 a dozen은 '12'지만 'Baker's dozen'은 하나를 더한 '13'을 의미하게 되었다.

여분의 것을 더 얹어 주었다는 것이 우리말의 '덤'과 일맥상통하지만 형벌을 모면하기 위한 안전장치로서의 'Baker's dozen'에는 무형의 관계를 지속시켜주는 '덤'의 의미는 없다. 정서적 관계를 중시하는 한국사회에서 덤은 '정(情)의 표시'로 인식되는데, 그것을 잘 보여주는 전병호(1953년~) 시인의 〈과일장수〉라는 시가 있다.

> 햇살의 무게를 잽니다. / 대바구니에 소복이 쌓이는 / 시골 햇살. / 앉은뱅이 저울의 긴 바늘이 / 숫자를 더듬어 가리킵니다. / 대바구니에 사과를 담던 과일장수는 / 햇살의 무게를 생각하고는 / 사과 몇 개를 더 올려줍니다.

그렇다면, 프로비저널볼(provisional ball)은 덤이 될 수 있을까? 그렇지 않다. 2019 개정규칙 이전에는 잠정구라고 했던 용어를 이제는 영어표현 그대로 '프로비저널볼'이라고 하는데, 프로비저널(provisional)은 '일시적인, 잠정적인, 임시의'라는 뜻으로 프로비저널볼이란 플레이어가 방금 플레이한 볼이 아웃오브바운즈(O.B)로 갔을 수도 있는 경우나 페널티구역 밖에서 분실되었을 수도 있는 경우 시간을 절약하기 위하여 직전에 샷을 한 지점에서 잠정적으로 플레이한 다른 볼을 말한다. 플레이어는 반드시 그 스트로크를 하기 전에 프로비저널볼을 플레이하겠다는 선언을 해야 하며, 원래의 볼을 찾기 시작한 지 3분이 지나지 않았으면 언제든지 프로비저널볼을 플레이할 수 있다.

규칙 18.3c에 따라 볼 찾기에 허용된 3분이 지난 후에는 원래의 볼이 코스에서 발견되더라도 프로비저널볼로 플레이를 계속해야 하며, 3분 이내에 페널티구역이 아닌 코스의 다른 구역에서 원래의 볼을 발견하면 그 볼로 플레이해야 한다. 이 상황에서 원래의 볼이 아닌 프로비저널볼을 플레이하면 2벌타를 받고 반드시 잘못을 시정해야 한다.

하지만, '재도전하기, 다시 하기(do-over)'를 의미하는 멀리건(mulligan)은 '덤'이다. 멀리건은 보통 첫 번째 홀에서 벌타 없이 두 번째 샷을 하게 하는 관습을 말하는데, 골프규칙에서는 허용되지 않는다. 미국골프협회(USGA) 홈페이지에는 멀리건의 유래에 대한 몇 가지 이야기가 있는데 모두 1920년대 캐나다 몬트리올의 세인트 램버트 골프장(St. Lambert CC)의 데이비드 멀리건(David Mulligan)이 주인공이다.

첫 번째 멀리건은 매우 충동적으로 일어났는데, 몇몇 호텔 소유주였던 Mulligan씨가 1번 홀에서 첫 티샷이 똑바로 가지 않자, '교정 샷(correction shot)'이라며 한 번 더 쳤는데, 놀란 동반자들이 그 두 번째 샷에 '멀리건'이라는 이름을 붙였다고 한다. 두 번째 이야기는 어느 날 세인트 램버트 골프장에서의 월례회를 위해, 그의 차로 친구들을 픽업하느라 바람 부는 울퉁불퉁한 힘든 길을 운전한 Mulligan씨에게 친구들이 '추가 샷(an extra shot)'을 주면서 시작되었다는 것이다. 세 번째 이야기는 아침에 늦게 일어나서 바쁘게 움직여 정시에 코스에 도착했지만 서둘러서 친 Mulligan씨의 첫 번째 티샷이 잘못되자 한 번 더 치게 하면서 멀리건이 생겨났다는 이야기다.

우리나라 주말골퍼들은 보통 두 번째나 세 번째 이유로 첫 홀에서 티샷 멀리건을 주는 경우가 있지만, 첫 번째처럼 셀프 멀리건을 쓰는 자는 3족을 멸할지도 모른다. 자신의 실수에 대한 벌타를 받는 것이 골프이기 때문에 주말골퍼들이라도 멀리건은 동반자들의 동의가 반드시 필요한 것이고, 될 수 있으면 라운드 시작 전에 동반자끼리 멀리건 사용에 대한 약속을 하는 게 좋다. 또한, 앞 뒤 팀의 플레이 속도에도 영향을 줄 수 있으니 캐디에게 상황을 물어보는 게 좋은 매너다. 멀~리 간 볼 때문에 받는 덤은 인정의 표현이기도 하면서 '공짜'라는 매력을 지니고 있다. 하지만 울 엄마가 공짜 좋아하면 대머리 된다고 했다.

Hole 16
par4

위기탈출

61. 나무 위에 볼이 올라갔다면?
62. 위기탈출 'Bailout & Lay up'
63. 홀을 외면하는 볼
64. 파3 10오버파(decuple)

61. 나무 위에 볼이 올라갔다면?

멋지게 친 샷이 한 마리 새가 되어 볼이 나무 위로 사라져 버리면 많이 당황할 것이다. 볼이 나무 위에 걸려있을 때 제일 먼저 해야 할 것은 볼의 위치를 확인하는 것이다. 그 볼이 자신의 볼인지 확인되면 언플레이어블(unplayable), 그렇지 않으면 로스트볼로 처리된다. 둘 다 1벌타지만 언플레이어블은 나무 근처에서 칠 수 있고 로스트 볼은 처음 샷 한 지점으로 돌아가서 다시 쳐야 하기에 실제로는 2벌타 효과다.

이전에는 볼이 나무 위에 멈춘 경우 확인하기 위해서나 스트로크하기 위해 나무 위로 올라가다 볼을 떨어뜨릴 경우 1벌타가 부과되었지만 2019 개정규칙에서는 볼을 발견하거나 확인하는 과정에서 그 볼이 우연히 움직인 경우에는 페널티가 없다. 하지만, 예나 지금이나 스트로크를 하려고 나무 위로 올라가다가 떨어뜨릴 경우에는 1벌타를 받고 볼은 원래의 자리에 리플레이스 해야 한다.

나무 위에 볼이 있으면 먼저 언플레이어블 볼을 선언하고 나무를 흔들어 볼을 떨어뜨려 자신의 볼인지 확인한다. 그 다음은 1벌타를 받고 원래의 볼이나 다른 볼로 직전 스트로크를 한 지점으로 돌아가 다시 샷을 하거나(19.2a: Stroke-and-Distance Relief), 홀과 볼이 있는 지점을 연결한 후방선(back-on-the-line) 구제를 받거나(19.2b), 나무 위 볼이 있던 지점 바로 아래를 기준점으로 두 클럽 이내의 측면 구제(lateral relief)를 선택해서 플레이할 수 있다.(19.2c)

나무 위의 볼이 자신의 볼인지 확인할 수 있느냐 없느냐에 따라 얼마나 큰 차이가 생기는지는 다음 세 가지 사례를 비교해 보면 알 수 있다. 2011 혼다클래식 3라운드 6번 홀(파4)에서 제리 켈리(미국)의 세컨드 샷이 9m 높이의 야자나무에 박혔는데 마침 옆에 있던 신문기자가 줌 기능이 있는 카메라로 확인시켜 주어서 언플레이어블 볼 처리를 할 수 있었다. 하지만, 2015 노스텍사스 슛아웃 1라운드 14번 홀 그린 근처에서 리디아 고(뉴질랜드)의 어프로치 샷이 소나무 가지 위에 올라갔을 때 LPGA 경기위원이 와서 "다른 사람들이 목격을 했기 때문에 볼을 확인한 것으로 보고 언플레이어블 볼로 처리하면 된다"고 판정해서, 1벌타를 받고 나무 근처에 드롭을 한 뒤 보기로 마무리 했지만, 이 판정은 논란이 되었다. 볼을 확인하지 못한다면 로스트볼로 처리되는 것이 옳기 때문이다. 최악의 경우는 1999 PGA 투어 플레이어스챔피언십 최종라운드 6번 홀에서 닉 팔도(영국)의 볼이 야자수 쪽으로 날아갔을 때 "우리가 목격했으니 언플레이어블 볼 처리를 해도 된다"는 동반자인 코리 페이빈(미국)의 말을 듣고 그대로 했지만,

볼을 확인하지 못한 상황에서 잘못된 장소에서 플레이를 하고 그냥 넘어갔으므로 닉 팔도는 실격 당했다.

땅에 뿌리를 박고 생장하는 나무는 장해물이 아니지만 나무를 지탱해 주는 지주목은 인공장해물로 무벌타 구제가 허용된다. 또한, 로컬룰 F-9에 의하면 페어웨이에 노출된 나무뿌리도 무벌타 구제가 허용되는 수리지로 간주할 수 있다. 이 경우 위원회는 볼의 라이와 플레이어의 의도된 스윙구역에 방해가 되는 경우만 구제가 허용되는 것으로 제한 할 수 있어서 스탠스만 방해되는 경우는 이 규칙에 해당되지 않는다.

나무는 골프코스의 중요한 부분이지만 좋은 경기 조건을 위해서는 코스 전체에 걸쳐 양질의 잔디가 더 중요하다. 골프코스의 나무와 관목은 코스의 미적 관점에서 큰 비중을 차지하지만 그 이외에도 여러 가지 기능적 용도를 갖고 있다. 그 용도 중에는 녹색의 배경 역할, 도그레그(dogleg) 코스 식별, 시선 차단과 소음 감소, 시그니처(signature) 기능, 보호 및 안전 분리, 장해물 / 난이도 증가, 방향성 제공, 그늘 제공 등이 있다.

같은 골프장을 다녀와도 하수는 나무가 있었는지도 모르고, 중수는 나무의 품종을 알고, 고수는 나무의 나이를 안다고 했다. 나무가 분비하는 피톤치드(Phytoncide) 속에서 스트레스 해소와 심폐기능을 강화하며 상급골퍼가 삼림욕(森林浴)을 하는 동안 오늘도 백돌이는 스트레스 받아 AC, EC, IC에 8자를 붙여가며 삼욕(三辱)만 하고 있다.

62. 위기탈출 'Bailout & Lay up'

베일아웃(bailout)은 골프용어로는 낯설지만 경제학에서는 많이 사용되는 용어다. 그것은 기업, 은행, 국가, 개인 등이 도산 또는 지급불능 등의 위기에 처해있을 때 이들을 구제하기 위해 민간 및 공공 자금이 지원되는 구제금융을 말하는데, 이 베일아웃이 대한민국 국민들의 일상을 파괴했던 아픈 역사가 있다.

1997년 12월 국가부도 위기에 처한 대한민국이 국제통화기금(IMF: International Monetary Fund)으로부터 195억 달러의 자금을 지원받는 양해각서를 체결하면서 경제주권을 포기한 사건이 있었다. IMF에서 구제금융을 받은 이후 한국경제는 IMF가 요구하는 경제체제를 수용하고 그 요구에 따라 대대적인 국가경제 구조조정이 시작되었다. IMF가 'I'm Fired'가 되어 대량 해고로 실직자들이 늘어났고 그로 인한 가계경제의 몰락과 경기 악화로 인해 대다수의 대한민국 국민들이 큰 어려움을 겪었다.

하지만, 1998년 1월부터 4월말까지 대한민국의 부채를 갚기 위해 온 국민이 자발적으로 금모으기 운동을 해서 약 351만 명이 227톤, 약 21억 3천 달러어치의 금을 모았다. 1998년 12월, IMF에 18억 달러를 상환한 것을 시작으로 2000년 12월 4일, 김대중 대통령이 "국제통화 기금의 모든 차관을 상환하였고, 우리나라가 IMF 위기에서 완전히 벗어났다"라고 공식 발표하였고, 2001년 8월 23일 IMF 구제금융 195억 달러를 조기 상환하면서 대한민국에 대한 IMF 관리 체제가 공식 종료되었다.

우리나라에서 뿐만 아니라 2007년에 발생한 서브프라임 모기지(subprime mortgage: 비우량 주택 담보 대출) 사태로 미국의 초대형 모기지론 대부업체들이 파산하면서 미국만이 아닌 국제금융시장에 연쇄적인 경제위기를 초래했는데, 그 영향으로 미국 사전 전문 출판사인 메리엄-웹스터가 자사의 온라인 무료 영어사전에서 2008년 가장 많이 검색한 단어를 조사한 결과 그 해를 대표하는 단어로 'bailout'이 뽑히기도 했다. 또한, 2020년 1년 동안은 우리나라 포함 전 세계가 신종 코로나 바이러스 감염증(COVID19) 여파로 고통을 받았고, 그로 인한 세계 경기 침체로 많은 국가들이 IMF에 베일아웃(구제금융)을 요청했다.

이렇게 우리의 경제활동 곳곳에 영향을 미치고 있는 'bailout'의 어원은 위기상황에서의 탈출과 관계가 있다. 비행기 조종사가 갑작스레 위기상황을 맞는 경우 조종석의 문을 열고 낙하산을 펼친 후 탈출하

는 것을 베일아웃이라고 하고, 또한 침몰하는 배에서 물을 퍼내는 것
도 베일아웃이라고 하는데, 이 말이 경제용어로 사용되면서 '위기에
몰린 회사나 기업을 구해내다'의 의미로 사용된 것이다.

골프용어로 쓰이는 베일아웃도 경제학 용어로서의 '구제금융'이 갖
고 있는 위기상황의 탈출을 돕는 의미가 있다. 골프에서 베일아웃이
란 '목표지점 근처의 위험 또는 다른 문제 지점을 피하기 위해 의도적
으로 표적에서 멀어지는 샷'(A shot intentionally aimed away from the
target)을 말한다. 베일아웃을 이해하려면 골프코스의 '베일아웃 구
역'(bailout area)이 무엇인지 알아야 한다. 예를 들어, 홀의 오른쪽에
위험요소가 있어서 골퍼가 왼쪽으로 플레이하는 경우, 그 위험지역을
벗어나 플레이할 수 있는 옵션을 제공하도록 특별히 설계된 골프코
스의 일부를 말하는 것이다. 다시 말해서, 베일아웃 구역은 그 홀에서
선택하는 위험한 플레이를 시도하고 싶지 않은 골퍼들에게 보다 안전
한 대안을 제공하도록 설계된 구역으로, 공략하기 어려운 홀에서 골
프코스 설계자가 플레이어에게 제공하는 구제금융인 것이다.

예를 들어서, 380m 파4홀 그린 왼쪽 앞에 페널티구역이 있다고 가
정해보자. 티잉구역에서 드라이브샷을 220m 보내면 세컨드 샷이
160m 남아서 레귤러 온(Green in regular)을 시도할 수 있다. 드라이
브를 멀리 치는 골퍼, 아이언 플레이에 자신감을 가진 골퍼, 또는 단
순히 위험을 감수하는 것을 즐기는 골퍼는 그린을 직접 공략하기 위
해 물 너머로 샷을 하겠지만, 드라이브샷이 200m가 안 되는 골퍼는

3번 우드를 잡아도 그린에 공을 올릴 수 없고 무조건 물에 빠진다. 이런 경우를 대비해서 코스 설계자는 페널티 구역 오른쪽에 물을 피해서 공을 보낼 수 있는 착륙지점(landing area)을 베일아웃 구역으로 제공해서 세 번째 샷으로 그린에 공을 올릴 수 있게 하는 것이다. 베일아웃 구역은 페어웨이나 러프 등 다양한 형태를 취하며, 이는 코스 설계자가 코스를 설계할 때 사용할 수 있는 다양한 방법 중 하나일뿐이다. 그러나 그것의 목적은 위험을 감수하지 않는 골퍼들에게 덜 위험한 또는 더 쉬운 샷 옵션을 제공하는 것이다.

골퍼들 사이에서 위험을 회피한다는 의미에서 훨씬 더 자주 사용되는 용어는 '레이 업(lay up)'이다. 골프 용어로의 '레이 업'은 적어도 19세기로 거슬러 올라가 골프 용어의 역사 사전에도 사례가 등장한다. 골퍼들 중에는 이 '레이 업'을 '레이아웃(layout)'으로 잘못 쓰는 경우가 많은데, 레이아웃은 '사물이나 구성요소를 공간에 효과적으로 배열하는 것'으로 샷과는 관계가 없는 말이다. '레이 업'은 문제를 피하기 위해 보수적으로, 즉 자신이 할 수 있는 것보다 더 짧은 샷을 플레이하는 것을 말한다. 예를 들어, 그린 앞에 있는 페널티 구역의 물을 넘겨서 플레이할 자신이 없어서 페널티 구역 앞까지만 짧게 끊어가는 경우이다. 벌타를 받을 가능성을 미리 제거하는 안전한 선택이다. 골퍼는 앞의 예처럼 어느 홀에서 위험이 보상보다 더 클 때 레이 업을 선택하지만, 어쩔 수 없이 더 짧을 샷을 하는 것이 유일한 선택일 때에도 레이 업 샷을 한다. 티샷한 공이 정지한 곳 바로 앞에 나무 같은 장해물이 있어서 그린을 향해 샷을 할 수 없는 경우 골퍼는 나무를 피해서 다음 샷을 할 수 있는 지점으로 공을 보내는데 이런 경우의 샷도 레이 업 샷이라고 한다.

'고수는 한 타를 버려서 위기를 벗어나고 하수는 한 타를 아끼려다 위기에 빠진다'라는 골프격언이 있듯이 베일아웃과 레이 업은 현명한 골퍼들이 코스공략을 할 때 위험요소를 대비해서 선택할 수 있는 전략이라는 공통점이 있다. 하지만 '베일아웃'이 무리한 공략을 시도하다가 위험에 빠질 수도 있는 골퍼에게 코스 설계자가 제공하는 옵션이라면 레이 업은 위험에 빠졌거나 혹은 다가올 위험의 가능성을 제거하기 위해 골퍼 스스로가 선택하는 전략이다.

골프장 코스공략에서 선택하는 모든 샷이 베일아웃이나 레이 업이 될 수도 있다. 주어진 여건에 수긍하고 그 현실조건을 최대한 활용할 것인가, 아니면 위험의 가능성을 줄이기 위한 능동적인 변화를 꾀할 것인가? 오늘도 골퍼들의 선택은 계속된다. 18홀 라운드를 끝내고 장갑을 벗는 그 순간까지!

63. 홀을 외면하는 볼

잼 바른 빵은 왜 항상 잼 바른 쪽이 바닥으로 떨어질까? 영국의 수학자이자 과학자인 로버트 매튜는 토스트를 무려 9821번 식탁 위에서 떨어뜨려 보았다. 그 결과, 6101번이나 잼 바른 쪽이 바닥에 떨어져서 그 확률이 62.1%였다. 빵이 위 또는 아래를 향할 가능성은 똑같이 50%지만 실험결과 빵이 식탁에서 떨어질 때 대략 반 바퀴 돌고 바닥에 닿는다는 결론이 나왔다. 이렇게 많은 횟수를 시행해서 얻은 확률 값을 '경험적 확률', 경험이 아닌 이론적인 확률은 '수학적 확률'이라고 한다.

그렇다면 골퍼들의 퍼팅 성공확률은 경험적 확률 값이 된다. 2019년 'golf.com'(JULY 31, 2019)보도에 따르면 PGA투어 퍼팅 성공률은 3피트 99.4%, 5피트 80.72%, 7피트 60.6%, 10피트 41.25%, 11-15피트 30.1%로 최정상급 프로들도 1.5m는 80%지만 3m 거리에서의 성공률이 40%대로 반이나 떨어진다는 것이다. 2021년 'pga.com'(April 14, 2021) 기사에는 한 라운드 평균 퍼트 개수가 핸디캡 제로인 스크래치골퍼(scratch golfer)는 31.5개, 핸디캡 16~20인 보기플레이어는 35.8개다.

이 기사에서는 퍼팅 연습에서 중요한 세 가지 요소를 소개하고 있다. 첫째는 라인(line)이다. 정확한 라인을 읽기 위해 노력하고 라인의 가장 높은 지점에 집중하는 것이 중요하다. 의도한 라인대로 볼을 출발시켜야 한다. 둘째는 퍼터헤드의 경로(path)다. 퍼터 헤드를 뒤로 그리고 의도한 라인으로 스윙하는지 확인하는 것은 필수다. 많은 골퍼들은 풀 스윙을 할 때와 마찬가지로 퍼터도 아웃투인 또는 인투아웃 경로로 어려움을 겪는다. 마지막으로 스윙템포(tempo)가 중요하다. 세계 최고의 골퍼들은 대부분 퍼팅 길이에 관계없이 2:1 비율로 퍼팅한다. 즉, 다운스윙 속도가 백스윙 속도의 두 배로, 홀까지의 거리에 따라 달라지는 것은 스트로크의 길이다. 템포 또는 속도는 2:1로 유지된다.

주말골퍼들이 라운드 나가서 그 날의 운을 확인하는 방법은 퍼팅한 볼이 몇 번이나 홀을 돌고 나오는지, 홀 바로 앞에서 멈추는지 보면 알 수 있다. 특히나 깃대를 꽂아 둔 채 퍼팅을 했을 때라면 세 가지 경우를 살펴봐야 한다. 홀에 꽂힌 깃대에 기댄 채 볼이 정지한 경우(13.2c)라면 볼의 일부라도 퍼팅그린 표면 아래의 홀 안에 있으면 들어간 것으로 간주하고, 볼을 집어들 수 있다. 그렇기 때문에 일부러 깃대를 흔들어 볼을 홀 바닥에 떨어뜨리지 않아도 된다. 만일 홀에 걸쳐 있으나 깃대에 볼이 닿지 않은 경우(13.3a)에는 플레이어가 홀에 다가간 후 10초 안에 볼이 홀에 들어가면 그대로 홀아웃이 인정되지만, 10초가 지난 후 홀에 들어가면 1타를 더해야 한다. 10초가 지나기 전에 상대방이 볼을 집어 올리면 매치플레이에서는 벌타 없이 그 볼이 홀인 된 것으로 간주하고, 스트로크플레이에서는 홀 가장자리에 다시 놓고 플레이하고 상대방은 2벌타를 받는다.(13.3b) 특수한 경우지만 볼이 깃대에 기대어 있으면서 홀 옆에 박힌 볼은 그 볼 전체가 퍼팅그린의 표면 아래에 있는 경우에만 홀에 들어간 볼로 간주한다.

사람들은 일이 잘 풀리지 않고 오히려 꼬이기만 할 때 '머피의 법칙'(Murphy's law)이란 말을 쓴다. '머피의 법칙'은 1949년 미국의 공군 기지의 에드워드 머피 대위가 어떤 실험에서 번번이 실패한 원인을 설명하며 처음 사용한 말이다. 반대로 일이 잘 풀리는 것은 '샐리의 법칙'(Sally's law)이라고 한다. 우산을 들고 나왔더니 갑자기 소나기가 쏟아지거나, 시험 직전에 급하게 펼쳐 본 부분에서 시험 문제가 출제된 경우처럼 일이 우연히도 자기가 바라는 바대로 진행되는 경우에 쓴다. 여기서 샐리는 1989년 미국영화《해리가 샐리를 만났을 때 (When Harry Met Sally)》에서 해피엔딩으로 이끌어 가는 여주인공 샐리의 모습에서 빌려 온 것이다.

머피의 법칙과 샐리의 법칙은 불운과 행운에 맡겨진 삶을 의미하는 것이 아니라 단지 인생의 오차를 설명해주는 것이다. 투어프로의 퍼팅 확률도 '수학적 확률'과 '경험적 확률'의 오차가 있고, 3피트 퍼팅 성공률이 99.4%라는 것은 1000명 중에 6명은 실패한다는 것이다. 운이 좋든 나쁘든. 그게 내가 아니면 다행인 것이다.

64. 파3 10오버파(decuple)

2021년 월드골프챔피언십(WGC) 페덱스 세인트 주드 인비테이셔널에서 김시우 프로가 마지막 4라운드 155야드의 짧은 13번 홀(파3)에서 10오버파로 데큐플(decuple) 보기를 기록했다. 그는 아일랜드 그린인 이 홀에서 첫 티샷이 그린에 못 미쳐 물에 빠진 후 드롭 존에서 4번의 샷을 더 물에 빠트렸다. 결국 5벌타 후 여섯 번째 볼, 즉 11타 만에 물을 건너 프린지에 올라갔고 칩샷 후 홀아웃하며 이 홀에서만 13타를 적어냈다. 파3홀 13타는 PGA투어가 통계를 낸 시점인 1983년 이후 일반 대회의 파3홀에서 가장 높은 스코어다.

「위원회 절차」 '섹션 2I'에 의하면 위원회가 플레이어가 특정한 구제를 받는 경우에 드롭존(dropping zones)을 구제구역으로 사용할 것을 허용하거나 요구할 수 있다. 위원회는 어떤 상황에 드롭존을 사용할 수 있는지에 관한 로컬룰을 추가해야 하며(로컬룰 모델 E-1), 페널티구역에 설치하는 경우에는 퍼팅그린 쪽에 설치할 것이 아니라 플레이어가 여전히 그 페널티구역을 넘기는 도전적인 플레이를 해야 하는 위치에 설치해야 한다. 드롭존의 표시는 페인트나 말뚝이나 표지판으로 할 수 있고, 크기는 대체로 반지름이 한 클럽 길이를 넘지 않도록 하는 것이 바람직하다.

드롭존에서 구제를 받는 경우 플레이어는 반드시 그 드롭존 안에 볼을 드롭하고 그 볼은 반드시 그 드롭존 안에 정지해야 한다. 규칙 14.3 '구제구역에 드롭하기'에 의하면 드롭할 때는 원래의 볼이나 다른 볼을 사용할 수 있고, 반드시 플레이어가 드롭해야 하고, 반드시 무릎 높이에서 볼을 드롭해야 한다. 드롭한 볼이 지면에 닿은 후 정지하기 전에 사람·장비·외부의 영향을 맞히든 맞히지 않든, 그 볼이 구제구역에 정지한 경우, 플레이어는 완전한 구제를 받은 것이므로 반드시 그 볼을 놓인 그대로 플레이하여야 한다. 만일 그 볼이 구제구역 밖에 정지한 경우, 플레이어는 그 볼을 두 번째로 드롭해야 하고, 두 번째 드롭한 볼도 구제구역 밖에 정지한 경우 반드시 두 번째 드롭한 볼이 처음 지면에 닿은 지점에 그 볼을 플레이스하여야 한다. 이와 같이 플레이스한 볼이 멈추지 않으면 두 번째로 플레이스를 하고, 그 볼도 그 지점에 멈추지 않는 경우, 볼이 멈출 수 있는 가장 가까운 지점에 반드시 그 볼을 플레이스하여야 한다.(14.3c/2)

김시우 프로는 경기 후 자신의 소셜 미디어에 '내가 기록한 파3홀 최고 스코어 13타. 역대 가장 높은 파4홀 스코어인 16타를 보유한 케빈 나. 그래도 클럽 14개로 잘 끝냈다'는 글을 올렸지만, 파3홀 13타에 대한 평가는 선수 본인뿐만 아니라 일반 골퍼들에게도 숙제로 남아있다. 무모한 도전이나 분노였는지 아니면 자포자기였는지.

9세 때 아버지가 자살한 후 골프장 캐디를 하며, 원래는 왼손잡이였으나 비싼 왼손잡이 클럽을 살 수 없어 오른손 클럽으로 골프를 배워 PGA투어 통산 63승(메이저 9승)을 하면서 사라센(Gene Sarazen)에 이어 역사상 두 번째로 그랜드슬램을 달성한 위대한 미국 골퍼 벤 호건(Ben Hogan)의 명언 중에 이런 말이 있다. "골프는 실수의 게임이다. 가장 잘 실수하는 자가 우승한다." 주말골퍼는 말할 것도 없이 프로골퍼도 실수를 한다. 그런데 그 한 번의 미스샷이 나머지 모든 라운드를 망치게 한다면 그건 정말 최악의 실수다.

Hole 17
par4

벙커에서 플레이하기

65. 해변의 모래사장과 골프장의 벙커
66. '테백연어'라면 벙커모래는 Don't touch!
67. 벙커에서 구제 받는 4가지 방법
68. 벙커에 박힌 볼

65. 해변의 모래사장과 골프장의 벙커

코로나 위협으로 2020년에 열리지 못했던 메이저 시합인 제149회 2021 디 오픈(The Open)이 로열 세인트조지스 GC에서 치러졌고, 첫 출전한 미국 프로골퍼 콜린 모리카와(Collin Morikawa)가 합계 15언더파로 우승을 했다. 1주 전 스코티시 오픈에서 71위를 했지만 그 대회의 링크스 코스 경험이 그에게는 큰 도움이 되었을 것이다. 그는 2021년 7월 세계랭킹 3위로 도쿄 올림픽 미국 국가대표로 출전했다.

디 오픈 4라운드 마지막 그룹에서 우승 경쟁을 벌인 것은 루이 우스트히즌(남아공)과 모리카와였다. 요즘은 대부분의 골프경기가 스트로크플레이 방식이지만 초창기에는 매치플레이 방식이 더 많았다. 그래서인지 역사와 전통을 자랑하는 디 오픈은 2명이 경쟁하는 매치플레이 경기를 보는 듯하다.

그런데, 2010년 디 오픈 우승자였고, 올해 메이저 시합인 PGA챔피언십과 US오픈에서 아쉬운 준우승을 하고, 2021 디 오픈 36홀 최소타 기록(129타)을 세우며 마지막 메이저 대회 와이어 투 와이어(wire-to-wire: 4라운드 내내 1등) 우승을 향해 달려가던 루이 우스트히즌의 발목을 잡은 것은 바로 그린 주변의 벙커였다. 마지막 날 가장 쉬운 홀인 7번 홀(파5, 561야드) 그린 주변 항아리 벙커(pot bunker)에 친 세 번째 샷이 그린 반대쪽 벙커에 다시 빠졌고 결국 2퍼트 보기를 하며 이 홀에서 버디를 잡은 모리카와에 2타를 뒤지며 우승권에서 멀어진 것이다.

벙커라는 단어는 가슴이나 작은 상자를 의미하는 16세기 스코틀랜드 단어 'bonkar'에서 유래했는데, 1812년 R&A 골프규칙(17개조) 중 제4조(볼이 잔디에 있으면 볼의 한 클럽 이내에 있는 돌이나 다른 장해물을 제거할 수 있지만, 볼이 벙커에 있으면 어느 것도 제거할 수 없다)에 처음 등장했다. 2019 개정규칙 12조에 의하면 "벙커는 모래에서의 플레이 능력을 테스트하기 위해 특별하게 조성된 구역"으로서, 벙커에서 스트로크를 하기 전에 모래를 건드리는 것이나 벙커에 잇는 볼이 구제를 받을 수 있는 장소를 제한하는 것은 이러한 플레이어의 능력을 제대로 테스트하기 위한 것이다.

이전에는 벙커에 있는 낙엽, 나뭇가지, 곤충이나 벌레, 돌멩이 같은 루스임페디먼트를 치울 수 없었지만, 2019 개정규칙에서는 볼을 플레이하기 전에 루스임페디먼트와 종이컵, 담배꽁초, 비닐봉지, 캔, 병 같은 움직일 수 있는 장해물을 제거할 수 있도록 했다.(12.2a) 벙커에 있는 루스임페디먼트를 제거하는 과정에서 모래를 합리적으로 건드리는 것은 허용된다. 하지만, 퍼팅그린과 티잉구역을 제외한 구역에서 루스임페디먼트를 제거하다가 볼을 움직이면 1벌타 후 리플레이스 해야 하므로, 벙커에서도 볼을 움직이지 않도록 조심해야 한다.

뜨거운 태양을 피해 바닷가로 피서를 떠나는 여행객들에게는 금빛의 모래지만, 벙커샷이 두려운 주말골퍼들에게 모래는 죽음(死)의 장소(場)인 '모래死場'이다. 살고 싶다면 숨을 참던 물속에서 숨을 쉬기 위해 물 밖으로 튀어나오듯이 과감히 한 번에 나와라. 두 번이면 이미 사망이다.

벙커(Bunker)

뜨거운
하얀 가슴에 안겼다.

두 발 끝에 힘주고
함부로 손대지 못할 너를 바라보다
나는,
사랑의 흔적을 남겼다.

한 번의 비장함,
두 번의 당황,

세 번의 좌절.

그렇게도 떠나기 싫어
네 안에서 몸부림을 쳤다.

「詩가 있는 골프에 山다」중에서

66. '테백연어'라면 벙커모래는 Don't touch!

2021년 디 오픈 챔피언십이 열린 로열 세인트조지스 골프클럽(Royal St. George's GC, 파70)은 1887년에 개장하여 15번째로 디 오픈을 개최했다. 이곳은 디 오픈 로테이션 코스 중의 하나로 남성전용클럽이다. 이 코스는 몇 가지 특색이 있는데 초가지붕 대피소(thatched roof shelters)와 깃발 위에 있는 세인트 조지 십자가, 그리고 4번 홀(파4)에 있는 영국에서 가장 깊고 높은 벙커다.

이 벙커는 히말라야 벙커라고 불리는데, 세계에서 가장 높은 산맥의 이름을 따서 지은 데는 그럴 만한 이유가 있다. 이 벙커는 깊이 40피트(약 12.2m), 너비 25피트(약 7.6m)나 된다. 벙커의 모양을 유지하기 위해 3면이 나무판자로 되어 있다. 용기와 자신감을 요구하는 470야드 홀에서 이 벙커를 넘기면 엘리시안 필드(Elysian Fields)라고 불리는 페어웨이 천국을 즐길 수 있다.

2016년 US오픈이 열린 오크몬트 골프장의 '교회 의자들(Church Pews)'로 불리는 100야드가 넘는 벙커도 악명이 높다. 3번 홀과 4번 홀 페어웨이 사이에 있는 기다란 러프 둔덕들이 마치 교회 의자를 일렬로 정렬해놓은 것 같아 이런 닉네임이 붙었다. 원래 6개 벙커로 나뉘어 있던 것을 하나로 만들면서 유명해졌고, 처음에는 7개 '의자'밖에 없었지만 점점 늘어 지금은 12개가 됐고, 두껍고 질긴 페스큐 잔디로 구성된 러프 의자에 볼이 들어가면 탈출은 고사하고 볼을 찾는 것도 어렵다.

미국에서 가장 깊은 벙커는 PGA 웨스트 TPC 스타디움 코스 16번 홀(파5)의 19피트(약 5.8m)이며, 세인트 앤드류스 올드 코스 14번 홀 지옥벙커의 깊이는 약 12피트(약 3.7m)다. 미국 뉴저지 주에 있는 파인 밸리 골프장 10번 홀(파3) 그린 앞 벙커는 깊이가 3m밖에 되지 않지만 너무 작아서 백스윙 각도가 잘 나오지 않기 때문에 '악마의 항문(Devil's Asshole)'이라는 재미있는 별명이 붙어있다.

2019 개정규칙 이후 많은 골퍼들이 벙커에서 클럽으로 모래를 건드려도 된다고 오해했었다. 하지만 '**테.백.연.어**'에 해당될 때 클럽이 모래에 닿으면 **일반페널티(2벌타)**를 받는다. 모래 성질을 **테스트**하거나, **백스윙**이나 **연습스윙**, 그리고 **어드레스** 때 클럽이 모래에 닿으면 안 된다.(12.2b/1) 이 '**테백연어**'의 경우를 제외하고 2벌타를 주던 조항이 사라졌다.

모래를 건드려도 페널티를 받지 않는 경우는 다음과 같다: (12.2b/2)
- 연습스윙이나 스트로크를 위한 스탠스를 취하려고 모래를 발로 비비듯이 밟기
- 코스 보호를 위하여 벙커를 평평하게 고르기
- 클럽·장비·그 밖의 물체를 벙커에 던져두거나 놓아두기
- 마크하거나 집어 올리거나 리플레이스하기 또는 규칙에 따른 그 밖의 행동
- 잠시 쉬거나 균형을 유지하거나 넘어지지 않기 위하여 클럽에 기대기
- 화가 나거나 자신의 플레이에 실망하여 모래를 내리치기

벙커샷을 해서 그 볼이 벙커 밖으로 나간 이후와 볼이 벙커 밖에 정지한 상황에서 다음 스트로크를 하려는 플레이 선상에 그 벙커의 모래가 걸리는 경우 플레이어가 벙커에 있는 모래를 건드려도 페널티를 받지 않는다. 그러나 벙커에서 플레이한 볼이 다시 그 벙커로 들어가거나, 벙커에 볼을 드롭하여 구제를 받는 경우에는 제한사항이 다시 적용된다.

프로골퍼들은 퍼팅그린 주변 러프보다는 벙커가 어프로치하기에 더 편하다고 말하지만 주말골퍼에게 벙커는 들어가기 싫은 고약한 '악마의 항문'이다. 무조건 벙커는 피해 다니고, 어쩔 수 없이 들어갔다면 과감히 한 번에 탈출해야 한다. 거리무시, 방향무시다. 벙커 모래에서 한 번에 못 나오면 내일모레 나온다. 그 중 몇몇은 결국 못 나오고 강의 중·하류 모래바닥 근처에 숨어사는 민물고기인 모래무지가 되었다는 전설이 있다.

67. 벙커에서 구제 받는 4가지 방법

벙커는 코스의 정의된 5개 구역 중 하나이며 볼이 벙커에 있을 때 특별 규칙이 적용된다. '벙커'라는 용어는 1812년 골프규칙에 처음 등장했으며 첫 번째 공식적인 정의는 1933년에 나타났고, 그 정의는 비교적 변경되지 않았다. 하지만, 2021년 5월 키아와 섬 오션코스에 열린 103회 PGA챔피언십에서는 벙커가 없었다.

하지만, 2021년 5월 103회 PGA챔피언십에서는 오션 코스에서 모든 모래 지대를 일반 구역의 일부로 취급하는 로컬룰을 제정했다. 그것은 코스의 도처에 모래와 갈퀴가 있음에도 불구하고 코스에 벙커가 없다는 것을 의미했다. 또한 이 로컬 룰은 플레이어가 벙커의 발자국이나 다른 불규칙한 표면으로 인해 무벌타 구제를 받을 수 없음을 알려주었다. 따라서 선수들이 페어웨이, 러프 등의 일반 구역에서처럼 스트로크를 하기 전에 모래를 만지고 볼 뒤에 클럽을 대면서 연습스윙을 할 수 있었다.

2021년 라이더컵(Ryder Cup)에서도 PGA챔피언십과 똑같은 로컬룰이 적용돼서 같은 장소인 휘슬링 스트레이츠에서 열렸던 2010년 PGA 챔피언십 18번 홀에서 더스틴 존슨에게 발생했던 불행한 사건은 다시 일어나지 않았다. 2010년 PGA챔피언십 마지막 날 1타 차 선두를 달리던 더스틴 존슨(미국)이 마지막 18번 홀에서 벙커샷 도중 클럽이 지면에 닿았기 때문에 받은 2벌타로 '메이저 우승'을 놓쳤다. 문제는 휘슬링 스트레이츠가 벙커와 맨땅의 구분이 모호했다는 점이었다. 갤러리가 모여 있었고, 잡초가 듬성듬성 나 있어서 착각하기에 충분한 자리였다.

규칙 12.3에는 벙커에 있는 볼에 관한 특정한 구제규칙이 있다. 볼이 벙커에 있는 경우 비정상적인 코스 상태로 인해 방해를 받는 경우 규칙 16.1c, 위험한 동물로 인해 방해를 받는 경우 규칙 16.2c, 그리고 언플레이어블 볼을 선언한 경우 규칙 19.3에 의한 구제규칙이 적용된다.

벙커에서 플레이가 불가능한 경우 언플레이어블 볼(Unplayable Ball)을 선언하여 구제를 받는 방법은 1벌타를 받는 일반적인 구제방법 3가지와 2벌타를 받는 추가적인 구제방법 1가지가 있다. 규칙19.2에 따른 일반적인 구제방법은 직전 스트로크 지점 한 클럽 이내에서 드롭하여 다시 치거나, 벙커 안에서 후방선 구제를 받거나, 벙커 안에서 기준점 두 클럽 이내 측면 구제를 받는 것으로, 후방선 구제와 측면 구제는 반드시 볼을 벙커 안에서 드롭해야 한다.

2019 개정규칙에서는 한 가지 방법을 더 추가했는데, 19.2b 후방선 구제에 따라 총 2벌타를 받고, 홀로부터 원래의 볼이 있는 지점을 지나는 직후방의 기준선을 따라 벙커 밖 기준점에서 1클럽 이내에서 드롭하여 후방선 구제를 받는 것이다.

일어나서는 안 되는 경우지만 벙커에서 친 볼이 OB가 나면 1벌타를 받은 후 그 벙커에서 드롭하고 다시 플레이해야하는데 이 경우에 벙커의 모래를 평평하게 정리하고 드롭할 수 있다. 퍼팅그린 주변에 경사가 있는 그린사이드 벙커에서 골퍼가 벙커 밖으로 샷을 했지만 그 볼이 그린에 올라가지 못하고 다시 벙커로 굴러 들어오는 경우가 종종 발생하는데, 그런 경우 플레이어가 스탠스를 취하면서 파놓은 발자국에 볼이 빠졌다면 있는 그대로 플레이해야 한다. 다른 플레이어가 만든 발자국 안에 볼이 있어도 마찬가지이다. 플레이할 수 없으면 언플레이어블 볼을 선언하고 **1벌타** 후 벙커 안에서 구제를 받아야 한다. 벙커 안에서의 구제절차에 따라 드롭한 볼이 모래에 박힌 경우 잘못된 드롭을 한 것이 아니라면 다시 드롭할 수 없고 그대로 플레이해야 한다.

모든 사람은 자신이 이고 있는 하늘 모양대로 세상을 산다. 내 머리 위 하늘이 맑으면 맑은 대로, 먹구름에 비가 오면 비가 오는 대로, 눈이 오면 눈이 오는 대로 말이다. 코스에 나가서 라운드를 하는 것도 마찬가지다. 코스모양대로, 볼이 놓여 있는 대로 말이다. 욕심을 부려도 이고 있는 하늘이 바뀌지 않듯 골프도 그렇다. 하늘이 나보다 먼저였듯이 코스가 있는 곳에 내가 볼을 보냈으니 바람 불면 옷깃을 여미고 비가 오면 우산을 챙기듯 러프도 벙커도 생긴 대로 대하는 것이 좋다.

68. 벙커에 박힌 볼

'어렵거나 나쁜 일이 겹치어 일어난다'라는 의미의 '엎친 데 덮친 격'이란 말이 있다. 주말골퍼들에게는 볼이 벙커에 빠지는 것만으로도 두려운 일인데, 그 볼이 반쯤 모래에 파묻혀 있다면 그건 의식이 뚜렷하면서도 몸을 움직일 수는 없는 상태인 가위눌림이나 매일 밤 반복되는 악몽과 같은 것이다.

보통 높은 탄도를 구사하는 웨지로 친 볼이 벙커에 높은 각도로 떨어지면 마치 달걀 프라이와 같은 모양이 된다고 해서 '프라이드 에그'(Fried egg or Fried egg lie)라고 부르는데 이 경우 일반적인 벙커샷으로는 벙커를 탈출하지 못하기 때문에, 클럽페이스를 닫고 가파르게 스윙해서 찍어 쳐야 한다.

벙커에 떨어 진 볼이 모래 속으로 사라진 경우에 만일 볼을 찾지 못하면 분실구처리하고 1벌타를 받고 직전 스트로크 지점에서 다시 플레이해야 한다.(18.1) 모래 속에 볼이 있는 것이 확인 되었지만 그 볼이 놓인 그대로는 자신의 볼인지 알 수 없을 때는 확인하기 위해 마크하고 볼을 돌려보거나 집어 올릴 수 있다.(7.3) 모래 속의 볼을 확인하는 과정에서 모래를 클럽이나 손으로 움직이는 합리적인 행동은 허용되며, 그로인하여 스트로크에 영향을 미치는 상태가 개선되더라도 페널티는 없다.

볼이 모래에 덮여있던 경우 반드시 원래의 라이를 다시 만들어 놓고 볼을 리플레이스해야 하는데(7.4), 원래의 지점을 알 수 없는 경우에는 추정하여 가능한 원래의 라이와 같은 상태로 만들어 놓아야 한다.(14.2d/1) 볼이 모래에 완전히 덮여 있었던 경우에는 그 라이를 다시 만들어 놓을 때 그 볼의 일부만 보이도록 해놓을 수 있다.(7.1b, 14.2d/1) 여기서 말하는 원래의 라이란 볼이 정지한 지점과 그 볼에 닿아있거나 그 볼 바로 옆에 자라거나 붙어있는 모든 자연물, 움직일 수 없는 장해물, 코스와 분리할 수 없는 물체, 코스의 경계물을 아우르는 지점을 말한다.

2019년 10월 3일 하나금융그룹챔피언십 대회 첫날 오션코스 7번 홀(파5)에서 김아림 선수가 두 번째 친 볼이 벙커 안 모래에 깊숙이 박혔다. 볼이 거의 보이지 않을 정도였기 때문에 볼을 확인하기 위해 그는 경기위원을 호출했고, "손으로 파도 되고 클럽으로 파서 확인할 수 있다"는 경기위원의 말에 김아림은 볼을 꺼내 자신의 볼이 맞는지를 확인한 후 리플레이스하고 샷을 했다. 하지만 처음엔 볼이 모래 속에 박혀 있었는데 확인 후에는 모래 위에 놓여 있는 상태로 바뀌었다고 동반자들이 지적했지만 "볼을 쳐도 된다"는 경기위원의 말에 경기는 그대로 진행됐다.

경기 후에 KLPGA 최진하 경기위원장은 경기위원의 잘못된 판정이라고 오심을 인정했고, 다만 볼을 확인하고 치는 과정까지 경기위원이 개입했고 선수는 이를 따랐을 뿐이라며 "선수의 규칙 위반은 아니다"라고 했다. 김아림은 해당 홀에서 보기를 한 후 논란이 계속되자 2라운드를 마친 뒤 기권했다. 플레이어가 원래의 라이를 다시 만들어놓지 않고 그 볼을 플레이한 경우 플레이어는 일반페널티를 받는다.(7.1b) 최진하 경기위원장은 "이렇게 볼이 벙커에 완전히 박히는 것을 막으려고 벙커 경사지 모래는 좀 단단히 다지도록 권장하고 있다"면서 미국에서는 벙커의 경사면을 32도 이하로 낮추는 추세라고 했다.

벙커에서 다른 플레이어의 볼이 방해가 된다면 집어 올려달라고 요구할 수 있고, 상대방은 마크 후 볼을 집어 들어야 하지만 닦을 수는 없고, 동반플레이어의 샷으로 볼이 모래로 덮인 경우에는 마크 후 볼을 집어 올려 닦은 후 다시 놓으면 된다. 플레이어의 정지한 볼이 사람, 동물, 인공물에 의하여 스트로크에 영향을 미치는 상태가 악화되면 원래의 상태로 되돌려 놓을 수 있다.(8.1d/1)

영국의 총리를 지냈고, 1894년 세인트 앤드류스 Royal & Ancient Club의 캡틴으로 골프 핸디캡 8이었던 아서 밸푸어(Arthur James

Balfour, 1848-1930)는 "골프 초보의 큰 결점은 좋아하는 샷만 연습하고 싫어하는 샷은 잘 연습하지 않는 것에 있다"고 했다. 수영을 못하는 사람은 물이 두렵지만 수영을 할 줄 알면 물속을 더 편하게 생각한다. 벙커에 빠지는 것이 두렵다고 말하면서 벙커샷을 한 번도 연습하지 않고, 퍼팅을 못한다고 하면서 드라이버샷만 연습하는 것이 하수 골퍼들의 특징이다. 아서 밸푸어가 "골프는 3번 즐기는 게임이다. 첫째, 골프장 도착할 때까지, 둘째, 플레이중, 셋째, 플레이후이다. 내용은 기대, 절망, 후회의 순으로 변한다"라고 한 것은 라운드 시작 전까지는 잔뜩 기대했다가 코스 플레이에서 무너지는 자신의 모습에 절망하고 라운드가 끝나고 나면 그 날의 많은 샷과 코스공략을 후회하게 된다는 것이다. 3번 즐기는 게임이 되려면 기대하고 와서 기쁘게 라운드하고 그 날의 플레이에 만족할 수 있어야 한다. 그러기 위해서는 지금 당장 가장 싫어하는, 가장 자신 없는 샷을 연습하라.

Hole 18
par4

퍼팅그린

69. 퍼팅그린에서 볼 마크하는 방법
70. 골퍼의 버킷 리스트 - 퍼팅의 신
71. 퍼팅그린과 관련된 벌타
72. 퍼팅그린에서 할 수 있는 것과 할 수 없는 것

69. 퍼팅그린에서 볼 마크하는 방법

아무리 멋진 티샷이나 아이언 샷도 퍼팅그린 위의 홀에 볼을 넣지 않으면 그저 미완성 작품이다. 골프규칙 1.1에서 '골프는 코스에서 클럽으로 볼을 쳐서 18개(또는 그 이하)의 홀로 이루어진 라운드를 플레이하는 것이다. 각 홀은 티잉구역에서 스트로크를 하면서 시작되고, 볼이 퍼팅그린에 있는 홀에 들어갈 때 끝난다'라고 규정하고 있다. 결국 퍼팅그린에 볼을 올리고 홀에 볼을 넣는 것이 골프의 최종 목적인 것이다.

규칙 13.1은 퍼팅그린 밖에서는 원칙적으로 허용되지 않지만 퍼팅그린에서는 허용되는 행동에 관한 규칙이다. 퍼팅그린에서는 플레이어가 볼을 마크하고 집어 올리고 닦고 리플레이스하거나 퍼팅그린의 손상을 수리하거나 퍼팅그린에 있는 모래와 흩어진 흙을 제거하는 것이 허용되며, 퍼팅그린에 있는 볼이나 볼 마커를 우연히 움직이게 한 것에 대해서는 페널티가 없다.

퍼팅그린에서 가장 먼저 하는 일은 자신의 볼을 확인하고 집어 들기 위해 볼이 있던 자리에 표시를 하는 것이다. 볼 마커(Ball Marker)는 티(tee peg), 동전, 볼 마커용으로 만들어진 물건, 그 밖의 작은 장비처럼 집어 올린 볼의 지점을 마크하기 위해 사용하는 인공물이어서, 인공물이 아닌 나뭇잎이나 풀잎 등은 사용할 수 없다. 마크하지 않고 볼을 집어 올렸거나 잘못된 방법으로 마크하였거나 볼 마커를 제거하지 않고 스트로크를 한 경우 플레이어는 1벌타를 받는다.(14.1a)

규칙14.1은 플레이어의 정지한 볼을 손으로 들어 올리거나 돌리거나 또는 다른 방법으로 그 볼을 원래의 지점으로부터 벗어나도록 움직이게 한 경우를 포함하여, 고의로 그 볼을 '집어 올린' 경우에 적용된다. 집어 올린 볼을 원래의 지점에 리플레이스할 것을 요구하는 규칙에 따라 그 볼을 집어 올리는 경우, 플레이어는 반드시 그 볼을 집어 올리기 전에 그 지점을 마크하여야 한다.(14.1a)

볼을 마크하는 방법은 볼 마커를 쓰거나 클럽의 한 쪽 끝을 그 볼 바로 뒤나 옆의 지면에 대는 것으로 할 수 있다. 규칙에서는 볼의 지점을 정확히 표시하기 위해 '볼 바로 뒤나 볼 바로 옆'이라는 표현을 쓰고 있으나 볼을 들어 올렸다가 원 위치 시키기 위한 표시이므로 볼 바로 옆이기만 하면 그 볼 둘레의 어느 위치에나 마크할 수 있다. 마크한 후 고의로 퍼팅그린을 테스트하는 방식이 아니라면 볼을 집어 올리는 방법에는 제한이 없다.(13.1e) 예를 들어 마크한 후 퍼터를 이용해서 집어 올릴 수도 있고 클럽으로 그 볼을 밀어서 옆으로 움직일 수도 있다.

볼 마커를 사용하여 볼이 있던 지점을 표시한 경우 집어 올린 볼을 닦은 후 볼을 다시 내려놓았으면 퍼팅하기 전에 반드시 볼 마커를 제거해야 한다. 이전에는 볼 마커를 그대로 둔 채 스트로크해도 벌타가 없었지만, 2019 개정규칙에서는 볼 마커를 제거하지 않고 퍼팅하면 1벌타를 부과한다.

또한, 다른 골퍼의 볼 마커가 자신의 퍼팅라인이나 스탠스에 방해가 되는 경우 볼 마커를 옮겨 달라고 요구할 수 있는데 이를 거절하거나, 그 요청에 따라 다른 플레이어가 볼 마커를 옮기기도 전에 퍼팅을 하면 2벌타를 받는다. 다른 플레이어의 플레이선에 방해가 되어 옮겨준 볼 마커를 다시 원래의 자리에 되돌려 놓지 않고 플레이했다면 2벌타를 받고 그 볼로 계속 홀아웃해야 한다.

한국골프대학교 학생 중에 정모군이 KPGA 스릭슨투어에 나가서 볼 마크 관련 벌타를 받은 적이 있다. 그린에서 동반자보다 홀에 더 가까이 있던 정군은 볼 뒤에 숏티를 꽂아 놓고 볼을 집어 들었는데, 조금 더 멀리 있던 동반자의 퍼팅라인에 방해가 되는 것 같아서 숏 티 있는 자리에 납작한 동전을 놓고 티를 집어 들었다. 동반자가 볼 마커를 옮겨달라고 요청하지는 않았지만 시선에 걸리는 것 같아 미리 배려한 것이었다. 그런데 그 동반자는 그 상황을 경기위원한테 얘기를 했고 경기위원은 홀이 끝난 뒤 1벌타를 부과했다는 것이다, 하지만 그 판정은 잘못된 판정이었다. 티를 먼저 뽑고 동전을 놓았다면 마크하지 않고 볼을 집어든 것이 되어 1벌타를 받지만 동전을 먼저 놓고 티를 뽑았다면 일순간이라도 마크한 상태가 사라지지 않았기 때문에 문제가 되지 않는 것이다.

'차질 없는 경기 진행'과 '공정하고 합리적인, 그리고 정확한 판정'을 위해 보이지 않는 곳에서 노력하는 경기위원들은 코스 위의 숨은 꽃이라고 할 수 있다. 하지만 그들도 사람이고 골프규칙 적용이 매우 까다롭기 때문에 실수할 때가 있다. 그러므로 선수 개개인도 규칙을 알아야 자신을 지킬 수 있다. 전국에 13만 명의 경찰이 있어도 도둑을 다 잡을 수는 없는 것처럼 말이다. 문단속은 스스로 해야 하는 것이다.

70. 골퍼의 버킷 리스트 - 퍼팅의 신

2007년 제작되었던 잭 니콜슨(에드워드 역)과 모건 프리먼(카터 역) 주연의 미국 영화 '버킷 리스트'(The Bucket List)이 후 이 단어가 유행하기 시작해서 '죽기 전에 꼭 한 번쯤은 해 보고 싶은 것들을 정리한 목록'을 의미하게 되었다. 원래 이 말은 '죽다'라는 의미의 '양동이를 차다'(Kick the Bucket)'란 관용어로, 죄수들의 교수형을 집행할 때 목을 맨 상태에서 교도관들이 양동이를 치워버리는데, 이 전에 교도관들이 죄수들의 소원을 들어준 것에서 유래했다고 한다. 그 끔찍한 유래 때문에 국립국어원에서는 '소망 목록'이라는 순화어를 제시했다.

이 영화에서 두 주인공은 불치병에 걸린 것을 알고 죽기 전에 꼭 하고 싶은 일을 적은 '버킷 리스트'를 만들어 한 가지씩 이뤄나간다. 그 중에서 필자가 가장 인상 깊었던 것은 에드워드가 카터가 죽으면서 썼던 편지에서 부탁한 의절했던 딸을 찾아가 화해하고 거기서 외손녀를 만나 키스해주며 버킷 리스트 중의 하나였던 '가장 아름다운 미녀와

키스하기'를 이루는 장면이다.

골퍼들의 버킷 리스트는 가장 멋진 골프코스 라운드나 좋아하는 프로와의 동반 라운드 등 다양하겠지만, 더 구체적으로 소원을 묻는다면 언더파, 홀인원, 원볼 플레이 등의 답이 있을 것이다. 그렇다면 드라이버 장타, 정확한 아이언 샷, 1m 이내의 웨지 어프로치, 그리고 퍼팅의 신 중에 하나를 고르라면 무얼 선택할까? 단연코 퍼팅의 신일 것이다.

2021 미국프로골프(PGA) 투어 페덱스컵 플레이오프 2차전 BMW 챔피언십 연장 6차전의 접전 끝에 자신보다 티샷 거리가 40야드 이상 긴 브라이슨 디샘보(미국)를 이기고 패트릭 캔틀레이(미국)가 우승한 것은 그의 퍼팅 실력 때문이었다. 대한민국을 대표하는 박인비 프로가 '골프는 역시 퍼팅'이라고 하며 장거리 퍼트를 성공시킨 후 무표정하게 손을 들어 인사하던 모습에는 '침묵의 암살자'라는 별명도 붙어있다. LPGA 통산 72승(메이저 10승)을 거두며 커리어 그랜드슬램을 달성하고, 2004년 시즌 평균 68.69타를 기록한 골퍼인 아니카 소렌스탐(스웨덴)은 6개월 동안 다른 클럽 없이 퍼팅만 연습하기도 했다고 한다. 그녀는 퍼팅 자세를 바꾸지 않고 스피드와 거리 조절에 집중했는데, 오른손만으로 50~100번 정도 퍼트를 하는 것으로 연습을 시작해, 양손으로 버디 구역인 6피트(1.8m)에서 15피트(4.5m) 거리의 퍼트를 집중적으로 연습했다. 3피트(90cm)짜리 퍼트를 50번 연속 성공시키거나, 30피트(9m) 지점에서 홀 3피트 옆에 24개 연속 붙이는 연습도 병행했는데 중간에 한 번이라도 실수하면 처음부터 다시 했다고

한다. 이런 노력으로 2001년 스탠다드 레지스터 핑 2라운드에서 여자선수로는 최초이자 유일무이하게 59타를 쳤는데, 이날 11개의 그린에서 원 퍼트로 홀을 마치며 총 25개의 퍼트를 기록할 정도로 신들린 퍼팅을 선보였다.

소렌스탐은 퍼팅할 때 손보다는 몸통으로 스트로크 하기 위해 손가락보다는 손바닥으로 퍼터를 잡고, 볼은 스탠스 중앙과 왼쪽 발꿈치 사이에 두고 체중도 약간 왼쪽에 둔다. 양손은 퍼터헤드가 스윙의 최저점에서 볼을 때릴 수 있도록 반드시 볼 바로 위에 오거나 약간 왼쪽에 오도록 한다. 조준을 할 때는 직접 목표를 겨냥하기보다는 목표 선상의 볼 앞 2피트 지점을 겨냥한다. 먼 곳보다 가까운 곳을 겨냥하기는 것이 더 정확하고 쉽기 때문이다. 퍼트의 거리감은 백스트로크의 길이로 결정되는데, 임팩트 구간에서 퍼터 헤드를 가속하기 위해 포워드스크로크의 크기를 최소한 백스트로크 만큼 길게 한다.

퍼팅과 관련 된 골프명언 중 가장 대표적인 것이 'Never up, Never in'(지나가지 않으면 들어가지 않는다)이다. 골프 역사상 짧게 쳐서 홀에 들어간 퍼트는 단 한 개도 없었다. 단 1cm라도 홀을 지나가도록 퍼팅을 해야 볼이 홀에 들어갈 수 있다. 인생에서 절대 짧아서는 안 되는 것 두 가지가 퍼팅과 허리띠다. 짧으면 아무짝에도 쓸모가 없기 때문이다.

71. 퍼팅그린과 관련된 벌타

2021년 1월 SBS 특집방송 'AI vs 인간'에서 골프황제 타이거 우즈의 본명과 같은 '엘드릭'이라는 이름의 스윙 로봇이 박세리 프로와 대결을 벌였다. 장타 대결에서는 한국 산악 지형의 바람을 제대로 읽지 못해 엘드릭이 OB(아웃오브바운즈)가 나서 패했지만, 홀인원과 퍼팅 대결에서는 이겼다. 스윙 로봇 엘드릭(LDRIC)은 시속 130마일의 클럽 헤드스피드에서 평균 300야드를 넘는 비거리와 5m 이내 퍼팅 적중률이 60%에 이르는 능력을 지녔고, 2016년 PGA투어 피닉스 오픈 프로암대회에서는 16번 홀(파3) 158야드에서 5번 시도만에 홀인원을 했다. 홀인원 확률 20%는 프로골퍼 3000분의 1이나, 아마추어 1만 2000분의 1과는 비교할 수 없을 정도로 뛰어난 능력이다.

똑같은 조건에서 미세 조정을 통해 샷의 정확성을 높이는 지능형 로봇과 인간의 능력을 비교하는 것이 말도 안 되지만, 프로골퍼와 아마추어의 스윙을 비교해도 그 차이는 크다. 몇 가지 특징적인 차이는 백스윙 시 프로는 왼쪽 골반이 뒤로 회전하는 반면 아마추어는 왼쪽 옆으로 밀리고, 프로는 왼쪽 어깨가 아래쪽으로 향하면서 회전하지만, 아마추어는 거의 수평 이동을 한다. 임팩트 때 프로의 골반은 목표 방향 쪽으로 36도 정도 열리지만 아마추어는 19도 밖에 열지 못하고, 피니시 자세도 프로의 가슴이 목표 방향을 향하는 반면 아마추어는 가슴이 아래로 향하는 것이 보통이다.

스윙 능력에서 로봇과 인간의 힘의 차이를 제외하고 로봇이 일관성면에서 우세할 수 있는 것은 고정점이 있기 때문이다. 프로와 주말골퍼의 차이도 거기에서 비롯된다고 할 수 있다. 그래서 규칙 10.1에서는 기본적으로 골프코스에서 플레이어는 클럽을 고정시키지 않고 스윙함으로써 클럽 전체의 움직임을 스스로 주도하고 통제하도록 규정하고 있으며, 특히나 미세한 움직임만으로도 플레이선을 벗어나는 퍼팅그린에서의 스트로크는 규칙의 제한을 가장 많이 받는다.

먼저, 퍼터나 퍼터를 쥔 손을 몸에 붙여서 직접적으로 고정하면 안 된다.(10.1b) 그립을 팔뚝에 대는 것은 괜찮지만 팔뚝을 몸에 붙여 고정점을 만들면 안 된다. 팔뚝을 몸에 붙이는 것은 클럽을 간접적으로 고정시키는 것이기 때문이다. 여기서 말하는 팔뚝(forearm)이란 손목부터 팔꿈치사이의 부분을 말한다. 스트로크하는 동안 의도치 않게 옷에 닿는 것은 허용되지만 그립 쥔 손으로 고의로 옷자락을 잡는 것은 안 된다.

퍼팅그린에서 플레이어는 고의로 플레이선이나 그 선의 볼 후방으로의 연장선을 가로지르거나 밟고 선 스탠스를 취한 채 스트로크를 해서는 안 된다.(10.1c) 플레이어나 캐디는 손발 또는 손에 든 것으로 퍼팅그린을 건드릴 수 있고 플레이선을 가리킬 수 있다. 하지만, 퍼팅그린 안팎에 어떤 물체를 놓아두어 플레이선을 나타내서는 안 되고, 스트로크를 하는 동안 캐디는 플레이선상이나 그 선 가까이에 서 있어서도 안 되고 플레이선을 가리키는 어떤 행동도 해서는 안 된다.(10.2b/2) 플레이어는 스탠스를 취하는 데 도움이 되는 물체를 놓아둬서도 안 되고, 그런 경우 스탠스에서 물러나거나 물체를 치우더라도 벌타를 면할 수 없다.(10.2b/3)

플레이어가 스트로크를 하는 동안 자신을 위해 스스로 하는 행동은 허용되기 때문에 한 손으로 우산을 쓰고 퍼트해도 되고, 한 손으로 깃대를 잡고 퍼트를 해도 된다. 하지만 바람을 막기 위해 캐디를 플레이선에 나란히 서있게 하거나 캐디가 우산을 씌워주면 안 된다.(10.2b/5) 규칙10.1, 10.2의 위반에 대한 페널티는 일반페널티(2벌타)다.

라운드를 시작한 모든 골퍼들의 공통된 질문 중의 하나가 퍼팅그린 빠르기다. 그 만큼 그 날의 스코어와 직결되기 때문이다. 그래서 규칙 13.1e에서는 고의로 그린을 테스트해서는 안 된다고 규정하고 있다. 홀과 홀 사이에 있을 때 방금 끝난 홀의 퍼팅그린이나 연습 그린에서 그 표면을 문지르거나 볼을 굴려보는 것을 제외하면 퍼팅그린이나 잘못된 그린(플레이중인 홀의 퍼팅그린을 제외한 코스의 모든 그린)에서 그린을 테스트하면 일반페널티(2벌타)를 받는다. 하지만 상대방의 퍼트를 컨시드하고 볼을 쳐서 보내주거나 퍼팅그린이 어느 정도 젖어있는지 손바닥을 대보는 것과 볼에 묻은 진흙을 닦아내기 위해 그린에 문지르는 것은 허용된다.

2021년 8월 30일 '골든 에이지 골프 옥션'에서 타이거 우즈의 백업 퍼터가 39만3300달러(약 4억5800만 원)에 낙찰됐다. USA투데이는 경매 업계에 따르면 이 금액은 골프 클럽 역대 최고가 낙찰이라고 전했다. 이번 경매에 나온 퍼터는 타이틀리스트의 퍼터브랜드 스카티 카메론의 '뉴포트2 GSS' 모델이다. 우즈의 메이저대회 15승 중 14승을 함께한 '오리지널 퍼터'는 아니지만, 분실이나 파손됐을 때를 대비해 만든 예비 퍼터인 만큼 디자인부터 성능까지 100% 똑같다는 게 경매 사이트 측의 설명이다. 실제로 우즈의 오리지널 퍼터처럼 작은 빨간 점이 새겨져 있다. 진품과 마찬가지로 독일 스테인리스 스틸(GSS)을 깎아 만들었고 샤프트 길이도 34인치로 같다. 경매 사이트 측은 "수집가들은 이 퍼터의 가치가 훗날 100만 달러 이상으로 치솟을 거라고 100% 확신하고 있다"고 전했다.

잭 니클라우스는 "기술을 의심할 때는 있어도 나의 클럽을 의심할 때는 없다"고 했다. 매일 자신은 퍼트를 못한다고 노래하고 다니는 온여사가 타이거 우즈의 4억5800만 원짜리 퍼터로 퍼팅을 한들 실력이 달라질까? 아마도 1시간 연습 후 다시 경매에 내놓을 것이다.

72. 퍼팅그린에서 할 수 있는 것과 할 수 없는 것

전 하버드대 심리학과 교수 조던 피터슨이 쓴 『12가지 인생의 법칙』(12 Rules for Life: An Antidote to Chaos)이란 책이 있다. '인생에서 누구나 알아야 할 가장 소중한 것은 무엇일까?'라는 질문에 대한 12개의 답을 제시한 것으로, 혼돈과 질서의 경계선에 있는 인생의 의미를 찾아 최악의 시기를 지나고 있을 때라도 망가지거나 쓰러지지 않고 견딜 수 있도록 이끌어준다. 어깨를 펴고 똑바로 서라, 당신을 다른 사람과 비교하지 말고 오직 어제의 당신하고만 비교하라, 세상을 탓하기 전에 방부터 정리하라, 쉬운 길이 아니라 의미 있는 길을 선택하라 등 모두 12가지의 법칙을 통해 의미 없는 삶을 끝내고 인생이란 바다를 현명하게 항해할 수 있기를 바라고 있다.

페어웨이(fairway)는 배가 항해할 수 있는 항로를 의미하는 말이었다. 그 길을 벗어나면 암초와 위험이 도사리고 있어서 반드시 지켜야만 하는 길이었다. 1744년 13개 항의 최초의 골프규칙 4항에 나오는 'fair green'이 지금의 페어웨이다. 골프코스에서도 페어웨이를 벗어나면 러프와 벙커, 페널티구역의 위험이 있다. 1라운드 티오프 이후 온갖 역경을 이겨내고 열일곱 홀을 지나 마지막 18홀 라운드를 끝내는 것은 퍼팅그린의 지름 108mm, 깊이 101.6mm 이상인 홀(hole)에 볼을 집어넣는 것이다. '홀에 들어가다'(Holed)라는 의미는 볼이 홀 안에 정지해 있는 상태로서, 들어갔다가 다시 나온 것은 홀아웃이 아니다.

성공적인 홀아웃을 하기 위해서는 해야 할 것과 해서는 안 되는 것을 지켜야 한다. 먼저, 퍼팅그린의 손상은 2019 개정규칙 이전에는 볼 마크와 홀 자국만 수리할 수 있었지만 이제는 원래 상태로 복구하기 위한 합리적인 행동은 모두 허용하고 있다. 다만, 잔디 깎기 작업이나 에어레이션(aeration; 통기작업)으로 인한 구멍, 그린에 잡초가 난 부분이나 잔디가 죽거나 병들어 고르게 나지 않은 부분, 홀이 자연적으로 마모된 부분, 급수나 비, 그 밖의 자연의 힘에 인한 손상 등 4가지는 수리할 수 없다. 원상복구를 위한 합리적인 행동이 아닌 홀에 이르는 경로를 만들거나 허용되지 않는 물체를 사용하여 퍼팅그린을 개선하면 일반페널티(2벌타)를 받는다.(13.1c/2)

퍼팅그린에서는 플레이어가 위임하지 않아도 캐디는 볼을 집어 들 수 있다.(14.1b) 하지만 퍼팅그린 이외의 곳에서는 위임하지 않았는데 캐디가 볼을 집어 올리면 1벌타다. 그런데 주의할 것은 집어 올린 볼을 리플레이스할 때다. 집어 올린 볼을 그린에 다시 놓을 수 있는 사람은 플레이어와 그 볼을 집어 올린 사람뿐이다. 따라서, 플레이어가 마크

하고 집어 든 볼을 캐디가 리플레이스하고 그 볼을 플레이하면 플레이어가 1벌타를 받는다.(14.2b/1)

이제는 깃대의 유무에 상관없이 퍼트할 수 있다. 플레이어가 깃대를 꽂아둔 채 플레이했는데 상대방이 맘대로 깃대를 제거하면 제거한 플레이어는 2벌타다.(13.2a/4) 퍼팅 후 움직이고 있는 볼이 깃대를 잡고 있는 사람이나 지면에 있는 깃대를 맞힌다면 벌타는 없고 그 볼은 정지한 곳에서 그대로 플레이해야 한다.(13.2b/2)

조던 피터슨의 12가지 법칙 중 법칙7은 '쉬운 길이 아니라 의미 있는 길을 선택하라'이다. '쉬운 길을 선택해서 원하는 것을 갖는 것보다. 어려운 길을 선택해서 의미 있는 것을 갖는 것이 훨씬 낫다. 그 이유는 간단하다. 우리가 진정으로 원하는 게 뭔지, 우리에게 정말 필요한 게 뭔지 우리는 잘 모르기 때문이다. 의미는 자연스럽게 다가오는 것이다. 높은 목표를 세우고 그것에 맞게 행동하면 의미는 저절로 모습을 드러낸다.'

모든 골퍼들이 코스라운드를 인생에 비유한다. 그렇다면 오늘도 동반자들과 함께 나서는 라운드가 쉬운 길은 아닐지라도 의미 있는 길이 되기를 소망하며 같은 곳을 향해 함께 가보는 것이 어떠한가?

| 작가 소개 |

정경조 경희대학교 정치외교학과
        연세대학교 영문학 석사, 박사
        대한골프협회 홍보운영위원
        현재 한국골프대학교 교수
        저서: 말맛으로 보는 한국인의 문화
              손맛으로 보는 한국인의 문화
              살맛나는 한국인의 문화
              詩가 있는 골프에 빠지다
              주말골퍼들이 코스 따라가며 찾아보는 골프규칙60

박현순 용인대학교 골프학과
        한국체육대학교 석사
        용인대학교 체육학 박사
        KLPGA 정회원 / KLPGA선수권 우승포함 통산 6승
        KLPGA (현)교육분과위원장 / (전) 상벌분과위원장
        1급 전문스포츠지도사 (골프) / 1급 생활스포츠지도사 (골프)
        2013~2016 여자골프 국가대표팀 코치
        현재 한국골프대학교 골프경기지도과 교수

Fun할 뻔한 Golf Rule
ⓒ 정경조

2021년 10월 18일 초판 1쇄 펴냄

펴낸곳 **J&J Culture**
펴낸이 정수현

디자인 디자인 지폴리
인 쇄 수이북스

등 록 2017.08.16 제300-2017-111호
주 소 원주시 지정면 가곡로 50, 1002-1901

전 화 010-5661-5998
팩 스 0504-433-5999
이메일 litjeong@hanmail.net

ISBN 979-11-961759-8-6 03690

값 18,000원

주문은 문자로~! 010-5661-5998
입금계좌 국민은행 813001-04-086498
예금주   제이제이컬처